点亮艺术之眼

——伟大的博物馆

伟大的博物馆

Museo di Capodimonte Napoli

# 那不勒斯
# 卡波迪蒙特博物馆

〔意大利〕马蒂亚·盖塔 编著
项　妤 译

译林出版社

# 目 录

# 前 言

波旁王朝的卡尔洛三世继承的遗产最终得到了妥善安置。他的母亲伊丽莎白·法尔奈斯是意大利一个最为显赫家族的最后代表者——这一家族分支中出现过为数不少的红衣主教、教皇、军队司令等举足轻重的人物。

1732年，伊丽莎白去世，给长子卡尔洛三世留下了丰厚的遗产——法尔奈斯家族在帕尔马和皮尔琴察的封地、市中心的宫殿，还有距波河数千米处的柯罗诺庄园。不少轰动一时的绘画杰作都云集在此，巴洛克时期到人文主义时期的书籍、图稿、青铜器、艺术品、陈设品、奖章、金属币、宝石美玉、浮雕装饰品无一不有。1734年，当卡尔洛三世成为那不勒斯国王之后，他决定将遗产迁移到意大利南部。他清空了母亲遗留下的宫殿，组织了一场举世瞩目的迁移活动。这一事件在编年史中有着不甚详尽的记载。遗产经过粗略地清点和更为草率地打包处理后被搬上了马车，沿亚平宁山脉循阶而上，直至热那亚，接着渡海来到那不勒斯。到达王国的首都后，这些作品被收藏在皇家宫殿的二、三层。

这些遗产重见天日时引发的混乱远远超出预估。渐渐地包装箱开始占据房间，甚至占满了楼梯的转角平台和走廊过道，然而其中还有许多箱子甚至都没有空间打开。1739年，当时的那不勒斯总督伯罗斯深深困扰于这些藏品引发的混乱，对这些箱子非常恼怒：全世界净是这些劳什子！

数年前，卡尔洛三世就已开始在卡波迪蒙特山丘上建造一座皇家行宫，供贵族围猎和娱乐消遣之用。尽管位置有些偏远，但是卡波迪蒙特占据了全景中的最佳位置。这座巨大宫殿的设计者是军队工程师乔瓦尼·安东尼奥·美狄阿诺。他是建造引水渠的专家（对于这一点，怀有恶意的人嘲讽说水在引水渠中将拒绝流动）。1734年，宫殿破土动工。其工程总监是美狄阿诺——而招标工程的所有者、皇家御用承包商安杰洛·卡拉萨勒，非常清楚如何使用特权，在不久之后因为非法收受贿赂遭到逮捕。幸运的是，美狄阿诺并未因这一工程使自己名誉蒙羞，反而出色地完成了任务。

在缺乏水源处建造宫殿，必须在院子中准备数量充足的巨型蓄水池。无论如何，水都是非常珍贵的资源。卡尔洛三世为这个“缺陷与不足”伤透了脑筋。之后，在1739年时，他作出了一个历史性的决定——将法尔奈斯家族的收藏品安置在卡波迪蒙特博物馆。他任命了一批专家考核这一计划的可行性。经过一系列的实地考察，仲裁员们筹谋了一个计划：画作将被安置在南面朝海的房间里，那里的通风和采光效果更好；而书籍、纪念章和其他珍贵物品则将被收藏在朝着树林排列的一系列“后厅”中。自初始时期，美术馆的房间设计就采用了多种颜色，以避免单调沉闷。这个项目差不多花了20年时间才顺利完成。1758年，当温克尔曼一路南下直到卡波迪蒙特博物馆研究纪念章和硬币时，他尤其为法尔奈斯美术馆的恢宏和美叹服，认为其可以与德国德累斯顿国立美术馆相媲美。在他之后，到访的是法国画家弗拉戈纳尔，他在美术馆中用铅笔临摹了其中一些最为著名的展品，并拓成版画。1780年，年轻的卡诺瓦来到了美术馆的殿堂前，为其中展出的画作而折服，也为附近树林中充满异域风情的兽栏而倾倒。随后的1787年，歌德踏上了这片土地，为之着迷的同时也提出了少许批评和建议：画作没有按照科学的准则摆放。

然而，剩下的时间不足以按照他的意见进行馆藏改善了——法国大革命爆发，拿破仑登上了历史的舞台，波旁家族流落到西西里岛，随之所有卡波迪蒙特博物馆的收藏四散了。复辟之后，王朝把卡波迪蒙特改为皇宫，萨沃伊家族也如法炮制。直至1949年，经过各种离奇的波折与辗转，这批艺术品才回到了卡波迪蒙特的山顶。这些过往我们将在下面的文章中向大家一一娓娓道来。

马可·卡尔米纳蒂

VS.V.BVRGHESIVS.ROM
A.DOM.MD
CXI.PON

# 那不勒斯卡波迪蒙特博物馆

1734 年 5 月 10 日，波旁家族的卡尔洛——西班牙皇室的菲利普五世和伊丽莎白·法尔奈斯（法尔奈斯家族最后一脉）的长子，在人群的盛大欢迎中来到了那不勒斯。这位皇帝的登基是历史中出人意料的事件之一。他命中注定将接手日薄西山的帕尔马（法尔奈斯家族）和托斯卡纳（美第奇家族），在波兰继位战争获胜后，又获得了亚平宁半岛上最大的两个国家——那不勒斯王国和西西里王国的所有权。那不勒斯是幸运的：它获得了一名年轻有为、乐善好施的国王。在他南部的进程中新皇的声望与日俱增。卡尔洛三世除了最终为那不勒斯带来一名完全独立的国王之外，也为我们留下了他个人珍贵的财富——包括法尔奈斯家族在帕尔马公国和罗马附近所有的财产。

1735 年，勤勉而高效的国务大臣蒙塔雷戈侯爵致信皮尔琴察。他在信中称："我们的国王陛下决定把博物馆中所有纪念章、画作、浮雕、宝石还有所有收藏在美术馆中的珍品都迁去那不勒斯。"法尔奈斯家族的收藏历史悠久，数量庞大。早在 1534 年，当亚历山大·法尔奈斯以保罗三世的教名登上教皇的宝座时，他就是一名经典古董和当时巨匠画作的贪婪收藏者。而家族中另一位同样名为亚历山大的枢机主教（保罗三世的子侄），怀抱着巨大的热情和从容不迫的态度，继续丰富了已然名声在外的藏品，并在法尔奈斯家族接受帕尔马、皮尔琴察和瓜斯塔拉（1545 年）公国的授勋后，将收藏进一步发扬光大。1612 年，拉努奇奥一世毫不留情地没收了一批帕尔马叛乱贵族的艺术藏品，由此获得了勃鲁盖尔、卡拉乔、赛巴斯蒂安的杰作，其中甚至还有拉斐尔的两幅著名作品（尽管在后期被发现是朱里奥·罗马诺和安德烈·萨尔托所作，但仍不失为卓越的画作）。16世纪末期，将法尔奈斯宫收藏品部分向外转移的过程渐渐开始了，只有经典古董仍保留在罗马的宫殿中。17世纪中期，随着法尔奈斯家族在乌尔比的势力日渐衰落（先前依附于巴尔贝利尼家族，之后依附于庞腓烈家族）这一过程节奏不断加快。所幸，法尔奈斯家族在帕尔马的城邦依旧繁荣，尽管声势已不如以前，公国的收藏品仍在继续丰富，直到1731年最后一名公爵安东尼死后无人后继。

我们回到卡尔洛和他所继承的遗产上，在那不勒斯蒙塔雷戈侯爵发信的同一年，建筑师安东尼奥·美狄阿诺开始研究收藏法尔奈斯家族书籍和艺术品的建筑的计划。这座新的博物馆建筑选址在卡波迪蒙特山上，城市郁郁葱葱的掩护中，这里也是国王围猎的重要场所。这一行宫在经过初期热火朝天的工序后，工程渐渐放缓，未完成的建筑在风雨飘摇和各种长期无所作为中苟延残喘。第三个庭院直到1833年才完工，大厅则挨到了1835年，因此整栋大厦在1838年，

安东尼·丘利《费迪南德四世和宫人在卡波迪蒙特》1760年前后

安东尼·凡·迪克
《耶稣受难》
1621—1632年前后

也就是动工后整整一个世纪才最终完成。

1758 年，卡尔洛动身前往西班牙的前一年，法尔奈斯博物馆的筹备工作已经在大厦 12 间还未完工的房间中开始了。之后，有很多文人雅士参观了这座博物馆，其中包括温克尔曼、歌德、弗拉戈纳尔和萨德伯爵，他们都甚为叹服。1759 年，费迪南德四世继位，那不勒斯应当为此再度感到庆幸——他可以合法地如法炮制，像搬空帕尔马的住宅一般清空这里的宫殿，然而他原封不动地留着这些财产，仅仅把瓷器运去了马德里。

费迪南德四世对卡波迪蒙特缺乏兴趣。如果没有发生波谲云诡的政坛更迭（先前的共和国遭到颠覆，拿破仑上台），推翻了国王的同时也倾覆了博物馆，那么我们可以轻描淡写地略过他王国的前四十年。可惜，遭此横祸后，古老的法尔奈斯藏品分散各地，大部分流落到法国巴黎（征服者）和巴勒莫（国王逃亡处），而 1806 年时，剩余的馆藏被从卡波迪蒙特清出，这一建筑只剩下皇宫的功能。这些古老的藏品以及其他波旁家族的收藏被收在杜奇宫旧址中，也就是如今的考古博物馆。

尽管历经周折，卡波迪蒙特博物馆在那些年间仍得到了极大力地推动和发展：不仅散失的画作被寻回，甚至在教会和修道院的压力下，大批艺术品被从整个王国运来此地。那不勒斯唯一一所修道院——圣马尔提诺修道院就提供了超过350幅画作，其中四分之三都是精品。之后许多画作，包括当代画家的作品，在第一、第二次法国侵略期间由费迪南德四世购入。另外一些画作是穆拉特购入的，他同时也是波吉亚家族精美绝伦藏品的购入人。这些精品囊括了各种历史时期和每一地域的珍藏，如今分散在卡波迪蒙特博物馆和考古博物馆中。

收购波吉亚博物馆的工作在费迪南德四世手中得到了圆满完成（在维也纳会议之后他成了两西西里王国的费迪南德一世）：他和他的继任者都定期购入那不勒斯古典和现代的画作，以及其他意大利或者佛兰芒学校的各类作品，以丰富美术馆馆藏，其中就包括凡·迪

那不勒斯皇家瓷器工坊
《奥罗拉的马车》
约1807

卡波迪蒙特皇家工坊
《卖百吉饼的人》
约 1750—1752

克的著名作品《耶稣受难》。在意大利统一最初期，这批藏品中又加上了瓦斯图伯爵阿方索·德·阿瓦洛斯的遗赠。因此，博物馆中出现了为数不少的那不勒斯画家作品，特别是重要的有关帕维亚战役的佛兰芒挂毯系列。

从波旁王朝没落时（1860 年）到第二次世界大战末期，博物馆在这段期间的经历并不幸运。由于同时收藏了艺术藏品和考古藏品，美术馆中所留下的空间越来越少，直到 1927 年国家图书馆建立后情况才略有好转。许多有识之士，从安东内罗·文都利到坎迪达公国的费朗吉尔力都对此颇有微词。著名的艺术评论家贝内德托·克罗齐，也在一篇引起纷纷议论的文章中哀叹国家博物馆的“可悲现状”，特别提到了绘画陈列廊“秩序混乱、令人汗颜”。公共行政部门自 1913 年起，特别是 1921 年尤其勤勉，开始致力于整饬意大利全国的博物馆，以装饰参议院、众议院、各部委、警察局、初审法院、省级机关、各地方政府办公处……这些中央和地方的办公室数目惊人，而采用的作品数量更甚，以至于出现了拿破仑式的掠夺和可笑的小偷小摸。所有的博物馆都受到了影响，而这座那不勒斯的美术馆成了特别的目标。所幸仅数十年这一陆陆续续的掠夺就停止了，之后历经重重磨难，开始了对这些流失财富的部分规整。最近，按时间顺序（1999年）来算，十五分之一的油画已从罗马蒙特其托利的办公室重回那不勒斯的海湾。

第二次世界大战本会给这座拥挤散乱、不时遭到抢掠的博物馆带来致命的一击。幸运的是，由于当时的警司布鲁诺·莫拉约利的出色能力，这些藏品不仅被保存下来，而且就像一流侦探小说中离奇曲折的情节一般，逃过了德国纳粹的侵占，为如今的博物馆复兴打下了基础。对于博物馆的复兴，莫拉约利同样居功至伟，他顽强不屈、百折不挠地努力，直到卡波迪蒙特宫殿脱离了萨沃伊家族的摆布，恢复了其本应担负的职责——作为法尔奈斯家族和波旁家族藏品的收藏地。

索勒·雷维特《黑室白板》2002

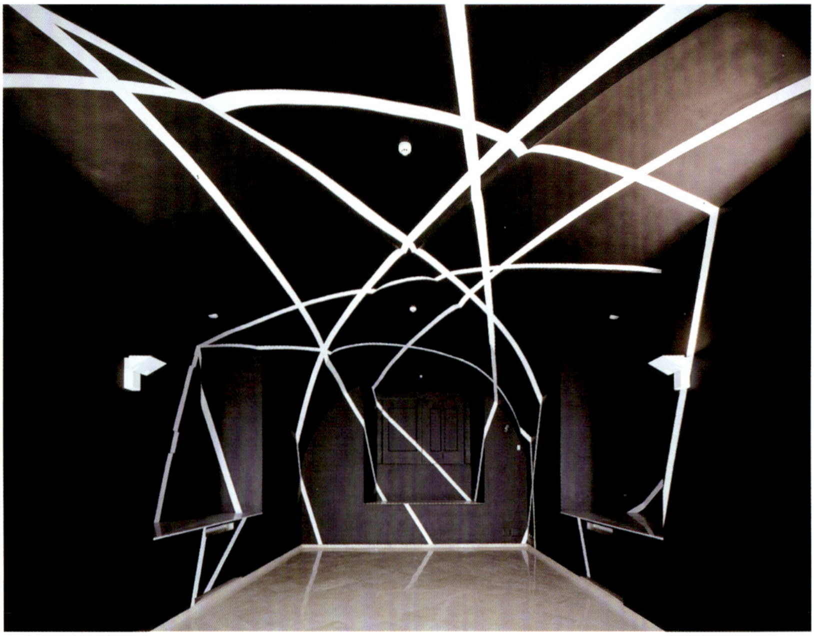

1957年5月5日，以共和国的最高名义，在前王国的土地上卡波迪蒙特国立美术博物馆正式向公众开放。在100个开放的展厅中，尘封的画作终于能够重见天日、自由呼吸了。它们不再埋没于国立博物馆黑暗的房间中，终于等到时机，摆脱长久以来在沉积的灰尘中渐渐腐朽的命运，在展厅中展露真颜。博物馆一层以所罗门方式划分成 19 世纪作品画廊 —— 如今通过不断购入和持续接受波旁和萨沃伊家族藏品而显得异常丰富 —— 以及所谓的皇家公寓。后者展示了部分那不勒斯新古典主义时期最优美的室内环境：无比优雅的宴会大厅、以珍贵罗马地板装饰的育儿室、弗朗西斯科一世和玛利亚·伊莎贝塔精美的庞贝房间（我们将试图带大家进入装着瓷器的小型展厅，这事实上是一个外来的产物，1866 年从没落的波尔蒂奇皇宫中迁移至卡波迪蒙特）。公寓的大部分空间都留作收集小型艺术品（为行文方便暂且如此称呼）之用：瓷器、珐琅、象牙、玻璃、家具和其他装饰品，以及法尔奈斯家族重要的古代兵器收藏。有三个房间存放着于 1958 年获赠的德·迟乔的收藏，其中意大利和其他国家的瓷

詹尼斯·考奈利斯《无题》1989

器尤为丰富。这座宫殿的大部分墙壁都以风景画、仪式画和为数不少的波旁家族画像装饰。真正意义上的美术馆占据了整个二层。作品以时间顺序摆放，从 13 世纪原始的坎帕尼亚到 18 世纪，但是实际上 18 世纪的藏品都集中在两个展厅中，当参观者到达那里的时候

都已经筋疲力尽了。

也许正是为了补偿这一折磨，卡波迪蒙特举办了第一届展览——在二十余年的蛰伏后终于以18世纪作为主题（1979年）。这一展览为当时的督工拉法埃罗·考萨所重视，充分向世界和城市本身展示了那不勒斯在那个伟大的世纪的光辉历史。因此后续也以17世纪和19世纪的那不勒斯为主题进行展览(分别于1986年和1997年举办)。这两场展览中间需要进行一系列的准备工作，通常都很大型，比如1985年举办的卡拉瓦乔回顾展。

卡拉瓦乔饱含着切实坚定的变革热情与哲学思想，他的影响力绝不会随着时间的推移而逐渐消失，而是如卡拉瓦乔主义般在那不勒斯土地上永远地回响。推动这一浪潮的功劳全部归于尼古拉·斯皮诺萨，当时的总督，他在那不勒斯一度艰苦而令人退缩的环境中迎难而上，着手经营了那不勒斯的大小博物馆——卡波迪蒙特博物馆为其首要——这的确是一项极其英雄的作为。例如1996年举办的当代艺术展，尽管展品数量甚微，却是城市对于加强同当今艺术家稳定关系的机制性回应。与当代艺术家的关系处于初步建立时期，但当时还只局限于少数勇敢的画廊主。

在这新的环境之下，我们见证了博物馆最近一次大型的更新改造，大部分馆藏同时也进行了重新整理（1995年一层，1999年第二层）。皇家公寓原封不动地保留了原有的功能，并且在已有展品的基础上增加了许多藏品。19世纪的藏品从原来的展厅迁到了三层，等待更合适的选址。法尔奈斯家族的收藏得到了重新整理，画作、雕塑和其他收藏品都按年代和流派进行摆放。第二层经过了全面修复，化身为"那不勒斯风貌画廊"。这里所指的是广义上的那不勒斯：画廊中收集了和城市有大小关联的画作，作者既有本地和前王国宫廷的画家，也有在当地活跃的外乡人，甚至还包括自古以来在那不勒斯受委托而作的画作或是代代相传的遗产。这"分为两次"的整修一方面在两层平行展厅以时间顺序回顾了艺术的历史，手法有些特殊，比如提香的作品被分为那不勒斯版块和法尔奈斯版块；另一方面，收藏的历史终于得到了正确的排序，突出了藏品的来源，增强了藏品的完整性。波吉亚家族的收藏也从中受益，被明智地和法尔奈斯家族和阿瓦洛斯家族藏品放在一起，重新构成了 17 到 18 世纪那不勒斯的收藏历程。最后，如同魔法一般，许多作品从沉积了多年的储藏室中重见天日，在许多展厅，特别是那不勒斯风貌画廊中展出。这一画廊在卡拉瓦乔来到那不勒斯数世纪前到 18 世纪（最终），正在不断丰富已有馆藏。在慢慢腾空阁楼后，博物馆甚至还有空间容纳 19 世纪的作品、部分上面提到的当代核心艺术以及循环展出精选摄影作品。

博物馆堪称世界一流水平，不仅因为其展品的重要性或是展厅的恢宏规模，也因为它现代化的展览标准。馆舍经过完美地修复，维持在最佳状态，不逊色于任何一家更富有的外国机构。身处其间，我们似乎远离了风景如画却嘈杂混乱的那不勒斯。然而，当日光载着声响进入卡波迪蒙特山顶的房间时，从山脚下传来的所有声响都减弱了，魔法般充满活力的感官享受令这一地带显得独一无二，热情的魔杖轻轻一点，就为我们带来一场别开生面的文化盛宴。

# 那不勒斯卡波迪蒙特博物馆

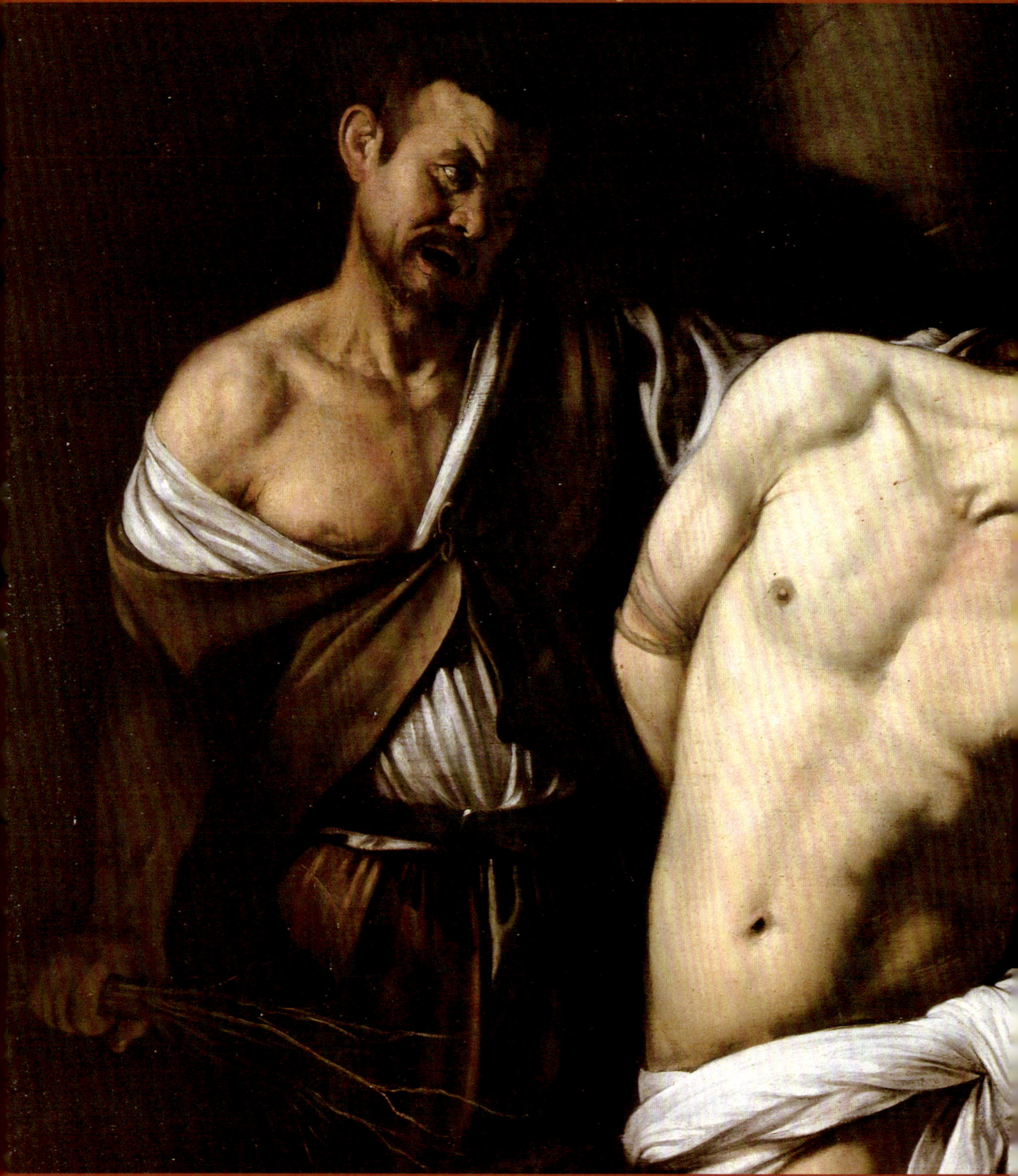

# 主要馆藏

# 西蒙涅·马尔蒂尼

《多罗萨的圣卢多维克》1317

木板鎏金胶彩画
中央画板 200 x 138 cm
祭台装饰品下部绘画 56 x 158 cm
来自那不勒斯圣劳伦佐大教堂

这幅大型祭台装饰画兼有艺术和政治双重意义，描绘了多罗萨的圣卢多维克为其胞弟罗伯特加冕为那不勒斯国王的场景。事实上，1296年卢多维克本已受到其父安乔家族的卡尔洛二世钦点，在其驾崩后继承王位，但是为了信仰，他放弃了继位的机会。同年他被选为多罗萨主教，并在1317年被选入圣者行列。

这幅宗教装饰画正是作于当年，以确证罗伯特继位切实合法，而不是如众多方面非议的那样属于僭越。这是西蒙涅·马尔蒂尼的早期作品，后来他成为锡耶纳的大师。画家沿着祭台下部留下签名：“我，赛尼斯的西蒙涅所作。”画面大部分为圣徒瘦弱而抽象的形象所占据，显出宗教的庄严宏大感，他身着主教华丽的衣衫，与内衬朴素的圣方济各僧袍形成鲜明对比。画面遍布了鎏金和纹章装饰——安乔家族的百合花随处可见——圣人的无袖长袍上，罗伯特的服饰上，甚至嵌入了主要场景边缘的鎏金工艺中。装饰画原本的画框就好像安乔王国的巨大族徽。有别于主要画板的庄严凝重，装饰画下部显示出更真实、更世俗的风格，不无乔托的印迹，向我们生动地讲述卢多维克人生中的上升期。

此处有异常丰富的纹章细节：安乔家族和耶路撒冷王国的武器在巨大的饰板中并列，将高处的盾牌圈起。这些纹章同样和阿拉贡王国的纹饰交错，装点着教冠和教袍精心装饰的边缘。卢多维克是虔诚的圣方济各教徒。画家对此有所认知，但是更倾向于把重点放在王朝的延续性上。

为加强继位的合法性，画家设置了一场双重加冕：天国通过天使给卢多维克加冕，再借圣人之手为罗伯特加冕。这一设置既确证了王朝的神圣权力，也证实了教皇对这一加冕的认可，而那不勒斯是他的封地。高高在上的君主的脸以凡人的角度绘制，显得更小，这是成熟肖像画技术的体现。

左边一名男子向圣人乞灵，揭开了整个画面的序幕，右边圣人感应到祈祷，降临于世，让死去的婴孩起死回生。在前面的门廊中：卢多维克站在博尼法乔八世身前，向圣方济各兄弟们告辞，接受主教的冠冕；卢多维克如同一个谦卑的僧侣在餐桌边为朝圣者服务；卢多维克身着主教的服饰，降临在亡者床前显示圣迹。

# 塔德奥·加迪

《抱子圣母与圣徒》1336

木板鎏金胶彩画
66x157cm
来自波吉亚家族藏品

"天使报喜"和"圣母受孕"是三联屏风画独特的主题。在这幅画中另加上了"圣子受洗"和"圣母恸子"的情景。中间屏风上所入选的圣徒和对耶稣一生的浓缩概括使得这小祭坛成了不知名委托人的祈祷书。

这套三联画和曼迪那的《圣艾乌菲米阿》一样，都由18世纪时枢机主教斯岱法诺·波吉亚收藏在罗马行宫，是其韦莱特里教区中最重要的绘画作品之一。在收藏品库存中，有部分作品出自某位生平不详的当地画家安德烈·韦莱特拉诺之手。隆奇认为此画出自佛罗伦萨画家加迪的手笔，继而引发了一系列的批评。中间的情景灵感来源于如今藏于乌菲齐美术馆的乔托作品《圣像》，但是其中乔托画作原型的精心装饰的宝座周边挤挤挨挨的人物形象被省去了，取而代之的是简化的宝座和相伴在旁的仅仅四位圣徒：圣彼得和圣保罗在第一排，圣阿巴斯提诺和圣安东尼·阿巴特在背景处。与乔托巨型的《圣像》相比，这套三联画事实上更算得上是贵重物品而不是画作。这类物品运输方便，通常属于世俗的信徒，用作个人的供奉。许多意大利和东方的小型三折画和双折画，都是由波吉亚家族收集到一起的。画中对于乔托的仿效不应使我们惊异：塔德奥·加迪是乔托最忠实可靠的学徒之一，与恩师共同创作了许多作品，并在乔托逝世时接过了他的衣钵，继承了他的画室和作画的委托。他几乎没有脱离过乔托的影响，即便偶尔有突破，也更多体现在叙述细节或是大胆建筑丰富的湿壁画里，而不是小型宗教信仰的木板画中。

木板鎏金胶彩画
144x76cm
来自法尔奈斯家族藏品

## 马索利诺

《罗马圣母大教堂奠基》约 1428

马尔蒂诺五世信任瓦萨利，将绘制三联画的工作交付给他，为教堂（原名尼维斯圣母教堂）的大祭坛作装饰。据传说，最初这个三联画是1425年圣年时委托给马萨乔的，在画家身故后，工作转交给了马索利诺。

这是三联画中页的正面——其背面的《圣母受孕像》被剥离下来，在同一展厅展出，两边画着圣人的折页如今分别保存在伦敦和费

城。在上帝和圣母之下，这幅木板画还描绘了公元352年8月，里贝里欧教皇在白雪所标示的圣迹之处为圣母大教堂奠基的场景。此作品是这位托斯卡纳画家的诸多杰作之一，起初由瓦萨利委托马萨乔为马尔蒂诺五世的宗教建筑所作，并将马尔蒂诺本人的体貌特征融入了画面右边背景处的圣马尔蒂诺身上。当今评论界并不认可此作品是托斯卡纳画家的作品，却认为它出自马索利诺的手笔，而边上小窗上方的两位圣人（现存于伦敦），隆奇证实了为马萨乔所作。事实上，这幅作品是由两位大师联袂完成，类似情况的最佳例证是佛罗伦萨圣十字圣殿的布拉卡奇穹顶。然而，在《罗马圣母大教堂奠基》中，明快的用色、优美精致的表现手法仍然显示出哥特时期的特征，在建筑、自然元素和优雅的人物形象中都显而易见，相对于坚持遵循三维视图的更年轻而“现代”的马萨乔来说，是典型特点。

# 马萨乔

《耶稣受难》1426

木板鎏金胶彩画
83 x 63.5 cm
1901 年购入

这幅画是 1426 年，马萨乔为公证人朱利安·柯力诺在比萨卡尔米内教堂穹顶所作的四联画之一。这套四联画也许在 16 世纪末时已经被拆分开来，如今分散在那不勒斯、比萨、维也纳、伦敦和柏林。为将这些画重新组装，恢复原貌，需要运用一系列的理论：确信的是木板上有尖头，分为两层，侧边绘有一系列圣人的小型画像，祭坛位置描绘着各种场景。中间的画面是如今保存在国家美术馆的《圣母抱子像》和本文的这幅《耶稣受难》，周围围绕着各种圣徒，有些类似于皮尔洛·弗朗西斯卡的《悲悯》。此画原先保存在卡波迪蒙特博物馆的事实经由“从下到上”的透视方法得到了证明，特别体现在耶稣的形象上——他的头颅似乎是嵌在肩膀之间的。与略早之前，保存在佛罗伦萨圣殿中著名的《耶稣受难》相比，这幅那不勒斯画家的作品并未达到其科学透视高度，但背景处力透纸背、刻画而成的人物所传达出的浓重悲怆感，是前者远远不及的。这幅作品不合时宜地使用了黄金（毫无疑问是委托人的要求），虽然使画作无法实现三维透视效果，却使得整幅画变成了光源，增加了其表现的戏剧效果。这种戏剧效果在画面下方抹大拉的形象中达到了巅峰，她的动作为整个场景烙下了印迹，几乎蕴含并升华了作品所要表达的所有悲恸。

# 桑德罗·波提切利

《抱子圣母与天使》约 1465—1469

木板胶彩画
100x71cm
来自法尔奈斯家族藏品

这幅画在罗马法尔奈斯宫的资产清单中登记为“菲利波·里皮作品之一”，实际却是波提切利的作品。画上标注时间属于画家青年时期，是他在 1464 年至 1469 年期间所作的丰富的圣母像系列之一，但由于某种原因全部标记成为菲利波·里皮作品。事实上，青年时期是波提切利最接近大师（里皮）技法的阶段。两者在勾勒人物和物品形象的线条、描绘形状的简洁间隔和明快鲜艳的用色方面颇有相似之处。波提切利笔下的许多女子有着圣母般忧郁的美感，与里皮的理念不谋而合。然而这幅藏于那不勒斯的作品与画家年轻时期其他作品一样，画中形状尤为饱满，用线条描边，使之与周围空间隔开，显示出对更热情洋溢的韦罗基奥艺术的偏好。

除了上述对于一位刚满二十岁的年轻人来说不可避免的影响之外，在这幅《抱子圣母与天使》中，我们能看到纯粹、圣洁的美，在最微小的细节与完美和谐的组合中闪耀，这就是画家最显著的特点。正是这些特点使得他在新柏拉图主义美学盛行的时期，超越了当时所有知识分子，成为美第奇家族的座上宾。

# 拉菲力诺·加尔波

《抱子圣母与小圣乔瓦尼》约1504—1505

木板胶彩画
直径85.5cm
1834年购入

这幅精美的圆形画出自佛罗伦萨画家之手，为装饰波旁真实美术馆从卡拉夫·昂德里阿收藏中购入。在过去，它被认为是皮尔洛·果斯莫的作品，这一点并不令人惊讶：两位画家有着许多的共同之处——热爱自然，固执而自尊，同时充满了诗意。这幅作品与拉菲力诺其他作品一样，具有许多借鉴他人之处：精心渲染的细节和圣母的脸庞让人想起菲力波·里皮（画家恩师）的画法，而岩石叠生的背景，特别是小圣乔瓦尼的头部则明显是达·芬奇渐隐色彩的风格。《抱子圣母与小圣乔瓦尼》从任何角度而言，都是一幅智慧凝聚的作品，体现出万物和谐的特征，观画者的眼睛可以浏览、审视这些讨喜的细节：前景中的白鸽（显然象征着圣灵），点缀着繁花的草地，树枝上架起一本打开的书，圣母繁奢的衣衫、小圣乔瓦尼飘动的衣襟（这一人物并没有文字记载，却以最后的预言家与第一位圣徒的身份受到确认，即在旧约、新约之间的过渡），圣子手中把玩的石榴（复活的预言），青翠的枝叶，远处的风景，还有空中飘浮的朵朵白云，云层中透出的一缕金光。如同一场优雅婉约的交响乐，整幅作品散发着平静恬淡的气息，以及对造物神迹充满好奇的趣味。

# 安德烈·玛德涅

《圣尤菲米娅》1454

布面胶彩画
174x79cm
来自波吉亚家族藏品

这幅画的尺寸巨大——圣尤菲米娅几乎如同真人大小——油画上标注有签名与日期，这在古代绘画中尤其少见，但在文艺复兴时期的维内托大区并不特殊：在画像脚边的小卡纸上写着拉丁文“安德烈·玛德涅作”。根据多米尼克派僧侣雅克布·瓦拉基耐在14世纪所作的《金色传奇》一书（一本收录圣徒生平的书籍），加雷里奥皇帝在迫害基督教徒的过程中，将圣尤菲米娅判处了死刑。她遭受了各种残忍刑罚的折磨，包括火刑，却毫发未伤。他们把她丢入三头狮子中间，然而这些猛兽并没有将她吞噬，反而表现出顺从甚至亲近。最后，刽子手怒火中烧，抓起剑砍去了她的头。

在画中，圣尤菲米娅几乎被包裹在整个神龛中，使之与观画者距离拉近：透视灭点非常低，人物的头部超过了拱顶弧度后方的限度，增加了表现效果。这一方式也

许源于多纳代罗，他长期在帕多瓦活动，在雕塑方面多有建树。而玛德涅的特色更体现在对于建筑的热爱、古典艺术博学的素养和绘画风格上——线条丰富而色彩平淡，以及对大胆用色与透视方法的探索中。另外，他从斯夸尔乔内大师（15世纪上半叶活跃于帕多瓦）身上学到了丰富的水果与花饰的画法，同时兼收并蓄了有类似特点的马尔克·佐伯、乔尔乔·斯基沃内和克里维里的风格。

与其他出生于东方的圣徒一样，圣尤菲米娅是博斯普鲁斯海峡加切多尼亚的贵族，在维内托大区尤为受到尊敬。此处的圣徒是通过其象征物表现的：狮子、剑和殉道者的棕榈叶。狮子深情的动作仿佛是首分外动人的诗歌。

布面胶彩画
25x18cm
来自法尔奈斯家族藏品

# 安德烈·玛德涅

《弗朗西斯科·龚扎卡肖像》约 1460—1462

对脸部轮廓的弱化处理、色彩的大面积运用，比前期作品（其中《圣尤菲米娅》同样藏于馆中）更具立体感和渲染力，体现出乔瓦尼·贝利尼的影响，同样也成为确定作品时期的重要因素。

画中人物是弗朗西斯科·龚扎卡，曼托瓦的侯爵卢德维克三世次子，于 1454 年被任命为宗教法庭书记官，1461 年，即 16 岁时成为红衣主教。这名年轻人在画中并未穿着教会长袍，但可以通过理性分析得出，这幅画在 1460 年弗朗西斯科

前往帕维亚学习前作于曼托瓦，或是成画于 1462 年春天动身赴罗马前夕。肖像画的官方性质使得第二个日期可能性更高。年轻人在画中以侧面形象示人，这在玛德涅的作品中并不多见，但非常具有宫廷画特征。15 世纪中期，在比萨内罗笔下以侧面出现的有西吉斯孟多·马拉戴斯塔、费德烈·蒙特费特罗和波尔索·戴思特，代表了当时意大利北部宫廷画像的特色。从探索的角度考虑，我们可以将这幅画中的年轻人与 15 年之后玛德涅在新婚夫妇房（曼托瓦公爵宫）的西墙所作的湿壁画对比。那时候，红衣主教弗朗西斯科已经三十有余，表情严肃，甚至称得上刻板。两幅画中描绘脸部的线条极其相似，最终平息了猜测。在过去人们普遍认为这幅画的主角是更年轻的卢德维克·龚扎卡，他在年仅 9 岁时就出人意料地成了红衣主教。

# 乔瓦尼·贝利尼

《耶稣变容》1478—1479

布面油画
115x154cm
来自法尔奈斯家族藏品

乔瓦尼·贝利尼是一位杰出的天才艺术家，在他六十余年的艺术生涯中，早期作品中以图形线条为主的风格极为强烈，但后期渐渐转变为以色彩为基调的风格：在某种意义上，他将威尼斯画派哥特式晚期的风格转向了乔尔乔内和提香的风格。事实上，师从于玛德涅的贝利尼，在求学后的数年，即1460年时就已经表现出青出于蓝的迹象了，而在结识了安东内罗·达·梅西纳和皮尔洛·弗朗西斯卡之后，他的画风更增加了光影的概念。这幅《耶稣变容》起初保存在维琴察的大教堂中，如今藏于卡波迪蒙特博物馆。

作画时期为1478年至1479年间（写在摩西手持的碑文底部），充分表现出这幅作品具有革命性的尺寸。其中一些细节，特别是前景中都显示出明显的旧时画风，但色彩的立体与丰富呈现出了新的风格，画中的物体似乎都占满了画面的每一个角落；对自然的深刻敏感度以及画作的丰富度与深度呈现出了新的转变。因此，尽管画面都是由平行平面构成的，却极其自然地将前景与背景相统一。另外的新颖之处是站立的三个人物形象——耶稣站在伊利亚和摩西中间——他们所展现出的庄严，简单来说就是由于他们在空间中的站位决定的。最后一点创新之处在于温暖、金灿灿的光线，将所有物体融合在一起，为画面赋予一种宗教的动人神圣感。

毫无疑问，被砍断的树象征着前面提到的《圣母恸子》（作于 1505 年左右，如今保存在威尼斯学院美术馆）。暗示耶稣死后重生的隐喻在缠绕着树干的常青藤上有所体现，这一植物从中世纪起代表了灵魂的永生。

不论是自己研习还是受人委托，如同《帕拉・佩萨罗》和《学院中的圣母恸子像》一样，贝利尼也在《耶稣变容》中引入了真实的建筑。画中此处，在耶稣背后，我们可以见到狄奥多里克的墓碑和圣阿波利纳的钟楼，这两者均在拉维纳。另一处考究的细节是标注在摩西衣襟上的希伯来纪年 5239 年。

圣乔瓦尼的头部细节尤其美观，这一画法在之后贝利尼的作品中多有出现（其余的使徒是贾科莫和彼得）。1960 年时对此画进行过一次文物修复，当时发现在圣乔瓦尼的正上方，右边的树原本是和耶稣背对着的树一样光秃秃。也许两者都象征着耶稣即将来临的死亡。

# 科兰托尼奥

《圣杰鲁拉莫在书房》约 1445

木板油画
125x151cm
来自那不勒斯圣洛伦佐大教堂

如果说 14 世纪时那不勒斯画派先后吸收、借鉴了卡瓦利尼和乔托的画法，那接下来的一个世纪则大部分都倾向于阿拉贡、普罗旺斯和佛兰芒画派。如同一篇著名文章从标题就体现的那样，似乎北方画派背离了佛罗伦萨、罗马和威尼斯的风格，转而追求“地中海沿岸风格的画法”。

毫无疑问，这幅画体现了北方画派的品位，画中物体空间紧凑，各透视平面距离相近，对每一细节都深入推敲，以及出神入化的错视画法，显而易见都是十足的佛朗哥 - 佛兰芒派画技。科兰托尼奥作为这幅画的原作者是经过确认的，1524 年人文学家彼得 · 苏蒙特给威尼斯人马尔康托尼奥写了一封信，谈及那不勒斯的艺术现况，其中特别强调了《圣杰鲁拉莫在书房》是“我们当地画家极为杰出的作品之一”。安东内罗 · 梅西纳，另一位有大成的艺术家，在青年时期师从于科兰托尼奥，他从此画中汲取了灵感，同样画了一幅《圣杰鲁拉莫》，如今保存在伦敦国立美术馆。在科兰托尼奥这位那不勒斯的大画家笔下，书房中的圣杰鲁拉莫被描绘成一位教会的学士，同时也隐喻了他为一头凶恶的狮子拔出脚上的尖刺，使之归顺自己，成为忠实仆从的传说。在那不勒斯叛乱之后，这幅画被带去卡波迪蒙特博物馆之前，原本是一套大型祭台画的组成部分。如今在卡波迪蒙特博物馆也保存着祭台的上层祭桌画——《圣方济各为修会订立规则》和侧边立柱上所绘的数位圣徒像。科兰托尼奥的佛兰芒画技在细节处体现得很明显，特别是在书籍和纸张中。人们猜测，15 世纪上半叶，画家可能通过其在罗伯特 · 安茹宫廷中活跃的一名仆从接触到凡 · 艾克的作品。

# “雅克·巴尔”

《卢卡·帕乔利肖像》1495

布面油画
99 x 120 cm
1903 年购入

这幅画毫无疑问，表现的是学识渊博的大儒卢卡·帕乔利——他既是人文主义时期名著《算术、几何、比与比例集成》的作者，也是《神圣比例》一书的撰稿人，此书收入了作者好友达·芬奇所绘的 60 幅立体画作为插图。画中有许多细节暗示了上述两本巨著以及著名数学家欧几里得：两个多面体，一个在左，另一个靠着书本，暗示着帕乔利的书房，而在书本切边所书的“li.r.luc.bur.”象征着《算术、几何、比与比例集成》一书。而欧几里得则体现在打开的书卷上写着的“第八卷”，很可能就是他的名作《几何原理》的最后一本。数学家帕乔利的名字清楚地写在黑板的边缘，上面同样也写着数学定理。至今仍未揭开的是右边年轻人的身份，他一定是帕乔利的门生之一，有人认为他也许是向帕乔利求学的乌尔比诺公爵圭多巴尔都。另一个谜团是原作者的身份。在画作的卡纸上写着“iaco.bar.vigen/nis p. 1495”，也许是威尼斯画家雅克布·巴尔巴里——一幅著名威尼斯鸟瞰画的作者——但是其中风格对照非常少，无法令人信服。另外有人认为是贝雷松的作品，而无论如何这幅画都属于威尼斯画派的风格。其他人则认为这幅画源于乌尔比诺，更加增加了对于这幅画作者是追随贝鲁奎特的当地画家或者受到威尼斯画家艾维赛·维瓦里尼和齐玛·科内雅诺影响的西班牙画家的可能性。

画中人是圭多巴尔都（1472年生）这一假设得到了进一步的确认，1494年帕格尼诺·帕格尼尼负责出版的《算术、几何、比与比例集成》于威尼斯第一次问世，出版时间与画作的标签所写一致。

画中注满水的多面体尤其美丽，反射出一座建筑物的正面，极有可能正是乌尔比诺公爵宫。这一点证实了此画起源于乌尔比诺。甚至有人建言，这也许是一幅已经流失了的皮耶罗·弗朗西斯科僧侣的肖像稿雏形。

疏落的笔迹写的是“尊敬的路加·博尔詹西士牧师”（即波尔格·圣·赛波尔克罗，帕乔利的诞生地的牧师）。而桌面上的书不可能是《神圣比例》，因其第一版是1509年面世的，但是桌面上其他精美的物品——指南针、量角器、石膏像、海绵、匣子和墨水瓶同样值得我们注意。

# 拉斐尔

《红衣主教亚历山大・法尔奈斯，
未来的教皇保罗三世像》1509—1511

木板油画
139 x 91 cm
来自法尔奈斯家族藏品

传统上，评论界认为此画出自拉斐尔之手，但是之后被指出是佛罗伦萨某位不知名画家的作品，或者如同1957年马拉乔里在《卡波迪蒙特博物馆藏品名录》中坦言那般，属于学院的练习作。其他学者，如贝雷松、阿道夫·文杜利和费斯歇尔仍坚持认为这幅画的作者就是乌尔比诺的大师拉斐尔。如今，在清理去画上的污迹和重画的油彩后，我们能够完全欣赏到画作的原貌，同时也使这幅画重归拉斐尔大师名下。

画中人是亚历山大·法尔奈斯，他的家族为他的生涯坦途奠定了基础。1468年，亚历山大出生于罗马近郊，是拉努奇奥·法尔奈斯的血脉。父亲拉努奇奥在与一位卡尔泰尼家族女子联姻后，完全融入了罗马上流贵族的圈子。亚历山大锐意进取，一步步沿着教职的道路爬升（1499年起，他担任科尔内托和蒙特菲斯科内主教，1502年将安科纳纳入辖区，1509年成为帕尔马主教，之后辖区增加到贝内文托和奥斯提亚），直到1533年被选为教皇。这幅肖像画中人物仍身着红衣主教服，作画时间与画家初期在罗马作品的风格相符（据记载拉斐尔从1509年开始在罗马活动）。背景处精细描绘的风景，受到佛兰芒画派影响的色调和细节画法，显示出16世纪上半叶北方画派的风格视角，以及印刷术对其的大力推广，这一点在乔尔乔内、提香和其他维内托画家的作品中也可窥知一二。

# 乔瓦尼·弗朗西斯科·佩尼

《圣爱圣母》约 1518

木板油画
140 x 109 cm
来自法尔奈斯家族藏品

"神迹般的用色和独一无二的美感，整幅画充满了力量和绰约、优雅的空灵感。"瓦萨利如是评价此画，并将这幅画归为拉斐尔的杰作之一。这一归属直到 20 世纪初期才被否定，因为当时发现此画是拉斐尔的助手佩尼所作。此"降级"经过了一些严格的程序，但也仅限于此。整个构图如此平衡优雅，毫无疑问是出自拉斐尔之手。这幅画声名远播与此不无关系，画中出现各种对先辈画作和雕刻的模仿与致敬。背景处仔细描绘的圣朱塞佩边上的岩石，来自梅尔多拉（雷欧十世于 1518 年将此地分封给皮奥）。这一日期与画作完成日期的推断相符——在 1520 年前，即此雕刻第一次成型当年。瓦萨利还指出，此幅画的委托人是"卡尔皮的雷欧内罗·梅尔多拉爵士"。皮奥家族除了拥有梅尔多拉这块封地之外，还是卡尔皮小公国的君主，直到 1527 年该封地并入埃斯特大公国时才失去统治地位。这幅名画传到了最后一位卡尔皮小公国的传人——罗多尔佛·皮奥的手中，跟着他来到了罗马。最后在 1564 年，以惊人的高价，被亚历山大·法尔奈斯红衣主教收入囊中。

## 朱里奥·罗马诺

《有母猫的圣母像》约 1523

木板油画
171 x 143 cm
来自法尔奈斯家族藏品

拉斐尔的画坊中有许多人创作的身影：朱里奥·罗马诺、佩林·德·维嘉、乔瓦尼·德·乌迪内以及佩尼，总是给研究者造成许多的难题。他们总是不断提出假设，将某幅湿壁画的灵感来源或者绘制过程归结为拉斐尔或其中的某个学徒。幸运的是，这幅画逃过了被妄加作者的命运，却仍在最初被瓦萨利先认作朱里奥之后认作拉斐尔作品。撇开中央群像稳固的金字塔形排布方式独具拉斐尔风格特色之外，整幅画都显示出了学徒的天赋：人物肤色和物体的冷色调处理（揭示了矫饰主义）、衣服的金属般的褶皱、浓重的明暗对比凸显出物体和人物以及对细节的斟酌。我们注意到前景中精细刻画的摇篮与托盘、惊鸿一现的壁炉、地面大理石细致描绘的纹理，以及从暗处跃出、盯着观画者的母猫，显得在画面中如此引人注目。最后，崭露头角的是神秘莫测的矫饰主义手法，引着人的视线，戏剧般在门后打开新的视角出现圣朱塞佩，更像是一种形象而不是人类。这幅绝美的《有母猫的圣母像》先后归属于各个极为高贵的家族：最初属于龚扎卡家族、之后属于圣塞韦里诺（帕尔马望族），最后是法尔奈斯家族。

# 塞巴斯蒂亚诺·德·皮翁博

《教皇克莱蒙特七世肖像》1527 年前

布面油画
145 x 100 cm
来自法尔奈斯家族藏品

这幅画最著名之处就是教皇略显焦虑的手。这位教皇本名朱里奥·美第奇，是教皇皇权的第二继承人，他在艺术保护方面颇有造诣，但是此画也刻画了他在政治领域和对付新教徒神学争议时的软弱与犹豫。

克莱蒙特七世的两幅肖像画中，这幅在塞巴斯蒂亚诺写给友人米开朗琪罗的信中有所提及，也被认为是画家最好的作品之一。此画一定作于 1527 年前，因为 1527 年当年发生罗马之劫后，教皇（1523 年当选）通过投票决定开始留髯须。画作代表了画家艺术创作过程中一段极为幸福愉悦的时期，1511 年他从威尼斯来到罗马，将威尼斯画派的感官和天鹅绒般的用色运用在人物衣着上，并将背景通过构图和笔触变得罗马式的更具“男子气概”，与米开朗琪罗的个人色彩与艺术风格颇为相近。尽管如此，在他的肖像画中，也经常出现拉斐尔和他的学徒们精巧画技的影子，甚至还有罗索和帕尔米强尼诺的印迹。耐人寻味的是，画中人有着这么一副孤傲的脸庞，极具个人特色，却长期被人认为是荷兰人亚德里阿诺六世。如同许多法尔奈斯家族画廊的古老核心藏品一样，《教皇克莱蒙特七世肖像》从福尔维欧·奥尔西尼 —— 法尔奈斯家族博学的图书管理员手中，作为遗产赠予了其保护者 —— 红衣主教奥多阿尔多·法尔奈斯，他也是帕尔马公爵拉努奇奥一世的兄弟。另外，在卡波迪蒙特博物馆还保存着另一幅塞巴斯蒂亚诺所作的《克莱蒙特七世像》（髯须版），是一幅黑板上的粉彩画。

黑板上的油画
112 x 88 cm
来自法尔奈斯家族藏品

# 塞巴斯蒂亚诺·德·皮翁博

《戴头纱的圣母》1533—1535

拉斐尔所有被人经常临摹的作品中，已经遗失的《戴头纱的圣母》(或《和人民一起的圣母》)地位尤其崇高；仅仅算上保存在教堂和博物馆中的，就共有超过十幅临摹之作和其他版本的同题作品。塞巴斯蒂亚诺同样深谙于拉斐尔的构图，通常来说，总共有三幅同题复制品被认为他的手笔，其中我们这一幅与其他两幅不同，强调了拉斐尔式的构图，仿佛成为其烙印一般。这幅藏于那不勒斯的《戴头纱的圣母》被评论界认为是按时间顺序来算的最后一幅同题画作，经过提炼整合，脱胎于另外两幅之前的练习作。这一视角，根据瓦萨利所言，正好能看出1529年起塞巴斯蒂亚诺所做的实验，即以黑板作为作画的工具。同样，通过此视角，我们发现此画仍未完工，这也许是画家的选择。与先前的试验画作相比，塞巴斯蒂亚诺更注重构图，去除了不必要的细节，将人物距离与观画者拉近，如此加剧悲伤感。随着在罗马停留的时间变长，和他其余的画作一样，塞巴斯蒂亚诺的构图开始转向更大型、更纯粹，同时用色显得更冷静，而画中人的面庞，如同这幅圣母的一样，在笔触方面变得更严肃。

婴孩安睡的恬静面容，与其他人的愁容惨淡形成了鲜明对比。双亲流露出深情的忧虑，小圣乔瓦尼显示出深切的哀伤——大家都清楚婴孩之后的命运。

# 米开朗琪罗

《武士群像》1546 年前后

19 页博洛尼亚皇家纸张上的炭笔画
263 x 156 cm
来自法尔奈斯家族藏品

这个形象与《末日审判》极为相似。通过仔细审视，我们可以看见画中形象的轮廓是由小孔勾勒而成的。这些小孔将图纸上的形象复刻到湿壁画上（石灰粉透过这些小孔印在灰泥上），而不损毁画面。

这幅画是米开朗琪罗唯一一张保存完整的底稿图，因此显得弥足珍贵。这幅《武士群像》底稿用在《圣彼得受难》湿壁画的左后方位置，在梵蒂冈宫殿群中的包丽娜小教堂右侧墙上。包丽娜小教堂是 1537 年至 1540 年间由桑加罗为保罗三世所建，而与我们所谈的底稿有关的湿壁画创作则开始于 1546 年，历经艰难至 1550 年完成（湿壁画前部的《圣保罗皈依》完成于 1542 至 1545 年间）。《圣彼得受难》和另一幅已经流失的《耶稣受难图》是米开朗琪罗最后的绘画作品，此时他从西斯廷圣母堂的《末日审判》工作脱离不过 5 年时间，大部分时间都花在上文提到的《圣保罗皈依》湿壁画上。底稿和湿壁画本身一样，在《末日审判》中已有体现的极简绘画语言被表现到了极致——在强大紧凑的人物群像中，有力的线条，坚实身体塑造的生机与蓬勃，则仅仅通过结实的肌肉和几乎透明的少许衣物褶皱来体现。

木板油画
146 x 146 cm
来自蒙特卡斯诺修道院

## 安德烈·萨勒尔诺

《巴里的圣尼古拉》1514—1517

这幅画来自蒙特卡斯诺修道院中为圣尼古拉建造的小教堂（如同整个拉齐奥大区南部一样，当时属于那不勒斯王国），向来被认为是安德烈·赛巴提尼（另一个名字安德烈·萨勒尔诺更为出名）最杰出的作品之一。这些作品，翁布里亚文化于16世纪初期在那不勒斯达到顶峰之后，臻化为“明媚温柔的拉斐尔主义”式的成熟绘画。这一切都要归功于画家的一次罗马之行，在那里赛巴提尼爱上了梵蒂冈的宫殿、罗马的风貌，还有在那不勒斯拉斐尔主义的恺撒·赛斯托，特别是1514年时原籍乌尔比诺的画家麦当娜·佩沙来到这个南方的大都市时所受的影响。“拉斐尔主义”实际上重新突出了广泛的构图——组织严密，完全的三维构图——明亮的颜色和谐地结合在一起，平静而光亮的场景。尽管底稿中有些不确定的部分，很明显看上去像是对作品的仔细试验，也不妨碍安德烈·萨勒尔诺成了16世纪那不勒斯最伟大的本土画家之一。名声之盛使得他被收入了那封著名的关于国家首都艺术的信中（1524年由文学家皮耶罗·苏蒙特寄给威尼斯收藏家和作家马坎托尼奥·米歇尔）。

根据雅克布·德·瓦拉基奈（14世纪）的《黄金传说》，一名贫穷的贵族有三个女儿——在画中她们边上有一位圣徒——本来她们因贫穷所迫几乎堕入歧途，但是由于圣徒的仁慈获得了拯救。从此以后，画在他周边的三个球状物，就成了他的象征。右边的几名男子则是圣徒从一场不公正的审判中救下的士兵。

# 恺撒·德·赛斯托

《博士朝拜耶稣》1516—1519

木板油画
326 x 270 cm
来自梅西纳贤人圣尼可洛教堂

16 世纪大部分时间，南部的两个王国（和罗马一样），是外来画家们想要征服的土地。在许多来自托斯卡纳、波河平原、佛兰芒或西班牙的画家中，来自伦巴第的恺撒·德·赛斯托占据着极为重要的地位。他当时在乌尔比诺已经颇负盛名，在当地接受了为朱里奥三世装点梵蒂冈的行馆的任务，1513 年时他身在梅西纳，两年后到达那不勒斯。之后经常在两座城市中往返，最终回到米兰。正是通过他，罗马最炙手可热的后起之秀，其中自然拉斐尔居首，纷纷来到了意大利南部，其中包括安德烈·赛巴提尼，恺撒同他一起为提莱尼的卡瓦修道院重要政客绘制了画像。

卡波迪蒙特博物馆中精美绝伦的祭台装饰壁充分地展示了他的高超技法。其宏大的构图尤为引人注目，画面中所有人物以一种有韵律的节奏向画面中央的圣母和圣子聚拢。群像由于前景中人物优雅的扭转同巧妙设计的姿势和眼神紧密地结合在一起，同时又不失各自的生动活泼感。另一出彩之处是大型的岩石，这些岩石更加凸显了画作的高超与杰出，同时由于圣朱塞佩背后的一排柱子，将观画者的注意力转移到圣家族身上。另外还有背景处的风景，通过郁郁葱葱的山林和柱子背后茂盛的树木，以及右边的裸露的树干色调相连，将构图对角线的深层部分圈在一起。最后，人物形象和建筑之间非常平衡的关系揭示了画家对梵蒂冈拉斐尔画室的深刻理解。

# 波利多洛·达·卡拉瓦乔

《耶稣受难》1527—1528

木板油画
81 x 106 cm
1972 年购入

波利多洛的轨迹和恺撒·赛斯托类似，他从出生地伦巴第迁往罗马，1527 年罗马之劫后，重新出发前往那不勒斯，然后是梅西纳。和他的同胞赛斯托一样，在罗马永恒之城中结识了拉斐尔，并成为其可靠的早期合作者。他的绘画技法在时间的推移中，显现出带有强烈矫饰主义倾向的拉斐尔主义，正是这一点促使他向南方发展。

1970 年此画被发现时，起初被认为是其梅西纳时期的作品，此时期的杰出作品《耶稣受难之路》（1530—1534）就藏在卡波迪蒙特博物馆中。如今，人们倾向于将此画的作画时间提前至画家居留那不勒斯时期。共有一系列四幅木板圣人像油画（其中两幅为矩形，两幅为圆形）可以作为其准确的对比，这幅画一定是 1527 年那不勒斯的佩斯卡利亚教堂遭毁时被掠夺入博物馆展览间的。上述四幅画和我们正在讨论这幅有着许多的共同点：自由而迅速的笔触，冷而浓稠的颜色，以强烈闪光造就的明暗对比。在《耶稣受难》中，正是由于保存得十分完美，这些特点都尤为明显，而卡拉瓦乔的其他作品很少有如此保存条件。画面构图的经典性和场景表现的戏剧性平衡非常得当。比如画面对角线顶点的四个人物，极具表现力，姿势因痛苦而凝滞，仿佛被石化了一般。

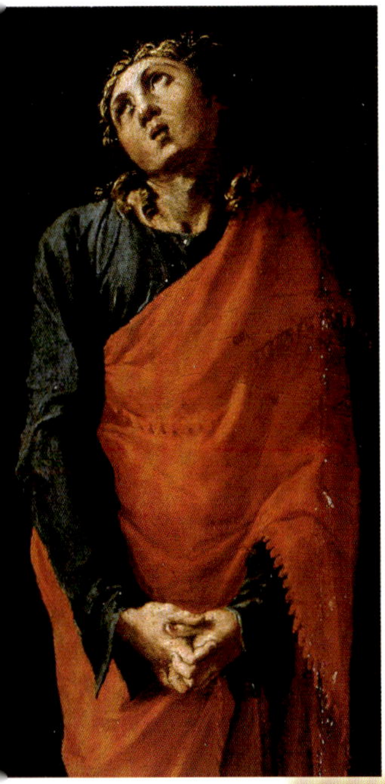

最为耶稣所钟爱的约翰，和玛利亚和抹大拉一样，是经常出现在《耶稣受难》中的人物。事实上，除了通常《耶稣受难》场景中都有的十字架之外，在北方画派（克里苏斯、范·威登、马赛斯、范·克莱维）的画中，哀悼耶稣之死也是一个共同的主题，在那不勒斯蒙代尔丽维托教堂中，就有摩德纳人曼佐尼所作的粘土群像为例。

彼得·隆奇认为此画的成功应归功于米开朗琪罗的《悲悯》，后者完成于数十年前。此处耶稣由朱塞佩·阿里马岱，参议会常任议员，秘密的基督教徒所扶着，他向比拉多乞求为耶稣举办葬礼，并用亚麻布裹其身躯。尼可德莫（右边）正在帮助他，取出香膏涂抹耶稣的遗体。

抹大拉的形象十分美丽，她亲吻并用自己的头发清洁着死去耶稣的双足，这一场景可以追溯到法利赛人的晚餐，弥赛亚原谅了她放荡的生活之时，她做的同样的动作。其他可辨认的女性形象分别是中央的圣母玛利亚和左下方的玛利亚·克蕾欧菲。

# 罗索·费奥兰提诺

《青年画像》约 1527

木板油画
120 x 86 cm
来自法尔奈斯家族藏品

在 20 世纪 50 年代经过仔细修复，这幅本充满着神秘色彩的画显出了其丰富的背景。现在大众已经公认其作者为罗索·费奥兰提诺，最终完成了法尔奈斯家族资产清单的作者归属系列（这幅画是图书管理员弗尔维奥·奥尔西尼购入的杰作之一，最后传到红衣主教奥多阿尔德·法尔奈斯手中）。对于画中人我们一无所知：背景处物品丰富，其中突出一尊圣像、一名骑士和一颗石榴，毋庸置疑与委托人有着切实的联系，但我们并不能从中找到线索。另一点神秘的地方是画本身的“未完成性”，在青年的服饰方面尤为明显，特别是桌子部分向画布右侧延伸处和双手的位置。尽管如此，这幅画完全可以被列入佛罗伦萨最好的传统美术作品之一——让人想起蓬托尔莫或是布隆奇诺——并展现出他动人心魄的美。只需要将视线停留在丰富的背景处，欣赏上面精心装饰的门开向壁龛，或者欣赏年轻人优美的躯体，尽管姿势并不正式，却体现出某种傲慢的距离感。评论界一致认为这幅画是罗索最后的作品之一，作于罗马 1527 年被劫掠前。在这场劫难中，和其他许多艺术家一样，罗索离开了被卡尔洛五世士兵毁坏的城市，另寻出路。

在画作完成度最高的部分中，一份资产清单中所提的“土耳其地毯”，具有独特的启发性。这类地毯在 16 世纪的意大利和北方肖像画中常有出现——让人们想起荷尔拜因——在维内托地区也出现在宗教画中。

木板油画
75.5 x 58.5 cm
来自法尔奈斯家族藏品

# 弗朗切斯科·萨尔维亚蒂

《着贵族服饰的自画像》约 1540

这幅画很早之前被认为是拉斐尔的作品，其完成水平也证明能匹配大师的高超技艺，但事实上这是萨尔维亚蒂的自画像，这从画作背后的古老签名和瓦萨里的《艺苑名人传》开篇中的记载可以推断出。此外，阿雷佐的传记作者提到：“画家以其自然主义的风格作了一幅油画自画像”，而我们凭此可以辨识这幅那不勒斯的作品。非常贴切的“自然主义”，画家转向观画者，目光直视，态度自然从容，具有吸引力。而在这表面的严肃，几乎是刻板背后，西班牙奢侈豪华风格的黑色衣衫无疑非常挑眼，甚至仿佛隐藏了部分的忧郁。特别值得一提的是建筑物背景将人物的面庞框起来，通过对比，在画面中央显得更为忧郁。而作品的社会意义也令人玩味，这幅画完成的时期，画家的地位通常和技艺高超的工匠无二（除了极少数例外：提香、米开朗琪罗和屈指可数的其他人）。关于萨尔维亚蒂我们知道，他有着良好的文化修养和精湛的画工，试图（或者说渴望）建立和其委托人平等的关系。这幅身着贵族服饰的自画像——只消看看佩剑——构图和姿势都非常正式，都让这幅那不勒斯的杰出画作显出了细致的构想与谋划。

对于面庞的描绘，如同天鹅绒衣袖上或是盘旋虬绕的剑柄精雕细琢的光影效果，都具有极高的水平。画作创作的时期定位在 1540 年前后，即画家回到佛罗伦萨之时。此日期由服饰和花边的样式可证。

## 多索·多西

《神圣的对话》约 1510

木板油画
49.5 x 73.5 cm
来自法尔奈斯家族藏品

画中除了圣母玛利亚、圣子耶稣外，还有圣徒施洗者约翰、一名无法辨识的女圣徒、一名男子（捐赠者？）和圣彼得。《神圣的对话》是人们耳熟能详的题材，也是一个极为普遍的体现圣母、圣徒和凡人间相对轻松的关系的主题。此类画作在 15 世纪的威尼斯和大陆本土非常流行。在此画中这个定义是非常合情合理的：长久以来它都被认为是维内托大区的作品，深深吸收了当地的文化的熏陶。彼得·隆奇第一个将系列《神圣的对话》作品收集起来——包括这幅画——并将它和收藏在圣天使堡的《酒神》和费拉拉美术馆的祭坛画相类比，共同归为当时还是画坛新手的多索·多西的作品，并推断成画时间为 1510 年前后。

这幅那不勒斯的画作让人立刻想起贝利尼、乔尔乔内和首屈一指的提香的数位追随者，在浓烈的用色和选色上有贝加莫画家卡里阿尼的印记，而在画作的小型规格上类似萨瓦尔多。因此，其作为费拉拉画派的起源是毋庸置疑的，特别是后来多西和他的同伴们在光的用法上有了进一步的发展。画中人物精致的面容，如圣母珍贵的头纱和戴帽子男子优雅的侧脸，毫无疑问是费拉拉的画法。更值得注意的一点是热烈浓炽的色彩，几乎像点燃了一样，成了这个画派在某一阶段的标志。

# 科雷焦

《吉卜赛女郎》约 1515—1516

木板油画
46.5 x 37.5 cm
来自法尔奈斯家族藏品

手部的动作非常重要，如同一名昏昏欲睡的人的手正要垂下，同时却不自觉地表现出保护的欲望。从低垂的头往下构成了一个半圆，将圣子圈进一个温柔的避风小窝。

在法尔奈斯家族最早的收藏品中，这幅圣母与圣子——事实上是逃离埃及，失去圣朱塞佩陪伴途中的短暂休息——在1587年就出现在拉奴奇奥·法尔奈斯的收藏中，当时名为"穿着吉卜赛人服饰的圣母"。尽管由于重画和古代的修复工作，这幅画的保存质量比较差，但是这幅画仍是年轻的科雷焦的杰作之一，作于1515年到1516年间。实际上，在那些年画家的作品都有着非常明显的相似性，以冷色调、精细的笔触和同"成熟期"著名的"边缘溶蚀"大相径庭的清晰轮廓为标志。评论界更精确地发现了它和维也纳艺术史博物馆中的《带子圣母像》、和两幅藏在伦敦柯陶德艺术学院的《悲悯》以及伦敦国立美术馆的《耶稣的告别》的联系。《吉卜赛女郎》与另一幅现藏在卡波迪蒙特博物馆，当年藏在那不勒斯基洛拉米尼教堂

的《圣安东尼修道院》是同时期作品。所有这些作品体现出年轻的帕尔马画家对于当时同期的费拉拉画作非常关注：比如多索·多西、马佐理诺和加罗法洛的作品。而极具个人色彩和特别之处是，画作具有温柔的力量和忧郁的氛围，小而亲密，能够穿越时空，融入观画者的心灵。

木板油画
28.5 x 24 cm
来自法尔奈斯家族藏品

## 科雷焦

《圣卡特琳娜的神秘婚姻》约 1517—1518

《圣卡特琳娜的神秘婚姻》正式而极近完美，是拉努奇奥一世公爵于 1612 年从叛乱的封地中掠夺而来的众多画作之一。这幅画原属于芭芭拉·桑塞维利诺——除这幅画之外她还藏有朱里奥·罗马诺的《有猫的圣母像》以及当时被认作拉斐尔作品的《雷昂十世和两名红衣主教》——此画当时被认为"能带来

极致美丽的愉悦感"。我们除了共享这种狂热之外别无他法。首先，这幅画的构图非常出色：人物之间的关系栩栩如生，同时注意力都被集中在圣子的动作上。这一动作点燃了整个画面场景的"架构"，这一架构因边上两名女性形象构成的圆形显得更紧凑更具美感。用色也非常精彩，如同将喷薄着光芒的笔尖丝丝融入柔软而自由的笔触。调色板的使用非常精细，运用了少许颜色的广泛色调。最后，和科雷乔许多其他佳作一样，整幅画充满了甜蜜和亲切的氛围，具有魔力般的诗意。根据最近的评论界研究，这幅画是画家进行重要罗马之行前的作品，即 1518 年，因为在画中看不到科雷焦在罗马这座永恒之城中所观察到的许多事物的迹象——如首先人们会想到的拉斐尔画室。人们特别注意到拉斐尔对他的影响，但这是通过年轻的贝卡富米和米开朗琪罗·阿尔赛米在艾米利亚学到的。后者自 1515 年起居于帕尔马。

传奇故事中，也许比雅克布·德·瓦拉基奈的《黄金传说》更早，说在沙漠中为圣卡特琳娜施洗的隐者送给她一幅圣母带子像。她的祈祷使得画中的圣子转向她，并为她戴上一枚结婚戒指。

## 帕尔米贾尼诺

《加雷阿佐・桑维塔勒肖像》1524

木板油画
108 x 80 cm
来自法尔奈斯家族藏品

画作背面的签名确证了其作者和作画年代："马佐拉作品，1524 年 2 月。"尽管画中人来自桑维塔勒家族——1612 年背叛法尔奈斯的家族，这幅画却不是拉努奇奥一世的战利品，而是自始至终都是法尔奈斯家族的藏品，从 1587 年公爵衣帽间的存物清单中可以推断出这点。事实上，画中人不是背叛的同谋者基洛拉莫——萨拉的伯爵和克罗尔诺的侯爵，抑或是阿尔丰索——枫坦内拉托的君主，而是加雷阿佐——法尔奈斯家族忠实的追随者。另外，正是为加雷阿佐，或者更准确地说，为了他的妻子宝拉·龚扎卡，帕尔米贾尼诺在枫坦内拉托的岩石上画了湿壁画《狄安娜的故事》。正是因为枫坦内拉托的存在，加雷阿佐手持的金币上所刻的神秘 72 字样才有了可能的解释。站在法乔洛拱门下也许是和日与月的结合有关，即加雷阿佐和宝拉的结合，由"赫尔墨斯星盘"中的数字 7 和 2 所表示，分别代表这两颗行星。其他的猜想有些与数字有关，也有些与帽子上印有赫拉克勒斯和柱子的纪念章有关，而这个章至今仍然神秘无解（还有人想到了发现新大陆，而画中人正是哥伦布！）无论这幅画还隐藏着多少谜团，《加雷阿佐·桑维塔勒肖像》都是帕尔米贾尼诺最引人入胜的作品之一，也是他青年时期的杰作。

## 帕尔米贾尼诺

《安苔》1530—1535

布面油画

136 x 86 cm

来自法尔奈斯家族藏品

尽管传统上认为此画的女主角是安苔——“帕尔米贾尼诺的仰慕者”，16世纪上半叶居住在罗马，塞里尼和阿尔提诺都曾提到过此人，事实上这个女子的名讳却无人知晓。关于她的身份人们有着诸多猜想，皆因画中的她衣衫一角显出极度的奢华（珠宝、缀金边的锦缎衣物，时兴的围脖是貂或是黑貂所制），领口开口却非常大胆，对于一位贵族女性来说非常不符身份。和画家其他作品一样，画中的形象表面上是正面——而她的面庞和注视的眼神却揭露出人物实际上是逆时针扭转身体的。根据费迪南德·博罗涅说，“画中人的右肩和右臂在视觉上被放大了，和上面挂着的貂皮不成比例。”但这一切却和踏前一步的右腿相合，同时左肩朝向后方阴影里收。帕尔米贾尼诺事实上是被这些视觉现象迷住了，如同藏在维也纳的《镜中自画像》所证明的那样。而他精细的风格体现在帕尔马的《土耳其女奴》、维也纳的《朱庇特》和乌菲齐画廊中的《长颈圣母》中，所有上述画作均是画家16世纪30年代前期作于帕尔马的，这些都为确定《安苔》的作画年代提供了推理的依据。除此之外，特别有意义而且令人深思的是，乌菲齐画廊圣母像中左边的少女正是《安苔》的女主角。

# 吉罗拉摩·马佐拉·贝多里

《天使报喜》约 1555—1560

布面油画
228 x 157 cm
来自法尔奈斯家族藏品

画家是帕尔米贾尼诺的学生与崇拜者，甚至将导师的姓（马佐拉）加入了自己的名字，他专注于学习其精致而考究的矫饰主义。《天使报喜》是为帕尔马的维阿尔达纳的领报圣母教堂所作，是画家成熟时期艺术的杰出代表。值得指出的是画中对光的运用，绝对的人造性和多重光源造就了非常强烈的舞台效果。具有画家特色的还有极其伸展的人物形象，此画法在帕尔米贾尼诺的成熟时期亦常见，姿势复杂，伸展扭曲到极致。另外一个特点是画面的饱满感，在封闭的空间中人物和物体丰富，具有象征和寓言意味。最后是构图的错综复杂，有时甚至达到了超现实主义的边缘。

和导师的作品相比，他的作品更具金属感、更透彻，因此通常在色彩选择上较少；明暗对比更强烈、更古怪。贝多里是第二代真正的矫饰主义画家，充分地吸收了罗马画风的影响，在这幅那不勒斯的《天使报喜》中也有所显示。事实上，这幅画有朱里奥·罗马诺的风格，自 1524 年服务于龚扎卡家族以来，贝多里在其居于曼托瓦的五十年代前期期间和其后期作品中，从未放弃对这位佼佼不群的大师的热爱。

# 洛伦佐·洛托

《特莱维索主教贝纳尔多·德罗西肖像》1505

布面油画
55 x 43.5 cm
来自法尔奈斯家族藏品

根据绘满了具有寓意场景的画作封壳（如今保存在华盛顿国家艺术馆，克雷斯藏品系列），这幅那不勒斯的画作作于1505年，是心理学特征画作的典型代表。特莱维索的主教即将突然转身的瞬间被凝固在画中，让我们直观感受到其迅速和专注。他的眼神锐利而穿透，双唇紧抿，鼻孔张开，右手紧握着一个纸卷，所有这些都显示出他的敏锐与干练，出色的决断力和坚定的意志力。同时，画法清晰、专注而果断，有着水晶般透彻的感觉，通过这种画面的清澄感制造出通透的人物性格：如同道出了事实——通过外表能够看到一个人的心理和道德。当然，洛托的画风有助于达到这些效果：画家忠实于乔尔乔内式的柔和、具有氛围的画风，并且保持着对现实敏锐的观察力。尽管如此，若将这幅画和其他更具贝利尼特点的青年时期作品相对比，卡波迪蒙特博物馆中的这幅画刻意突出了对微型画的研究，起初风格类似阿尔维塞·维瓦里尼，接着过渡到梅西纳的安东内罗。

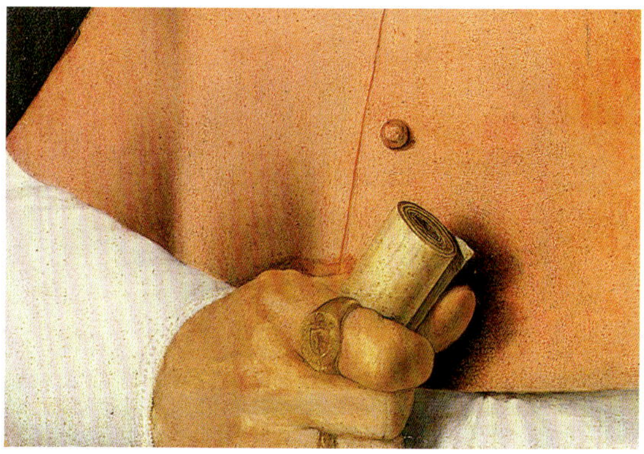

戒指上的族徽和现在保存在华盛顿国家艺术馆的肖像封壳相同，除了绘画日期外还能看到画中人的名讳。

布面油画
131 x 194 cm
1841 年购入

# 雅克布·帕尔马·维基奥

《神圣的对话》约 1525

这是肖像画的典范之作，画家将两名委托人通过娴熟的手法生动地融入了画面之中。我们甚至可以发现，施洗者正是由于他们而转向圣母，圣子注视着他们，圣杰罗拉莫面朝着圣子，手指着他们，摆出保护的姿势。

这幅画是帕尔马·维基奥最杰出的作品之一，画中表现了圣母与圣子，左边是圣卡特里娜·阿雷桑德利亚和施洗者圣约翰，右边是圣杰罗拉莫，下方是两名捐赠者。画面的构图十分典型：在帕尔马的画集中有为数众多的横向画作，画中圣母处在丰茂的风景中，周边围绕着圣徒。画面中的两名女性形象也是经常出现的：画面中丰富地表现了金发的女圣徒，美丽而肉感，以及相比之下毫不逊色的圣母。事实上，在帕尔马漫长的职业生涯中，他不断收到绘制鲁克蕾齐娅、朱蒂黛、弗洛尔、维纳斯和各种以美貌著称的女性的委托，无论是圣徒还是凡人。而另一使帕尔马声名远扬的是他的风景画，总洋溢着愉悦的热情与生机，在灿烂的日落余晖中铺陈开去。这些特点深受提香影响，并且他的影响在帕尔马的风景画，以及其他作品中痕迹日益加深。帕尔马的画作由始至终都保持着对造物之美的热爱，并通过热情的、具有说服力的用色，不断以精湛脱俗的着色技巧和简单却丰富的构造创作令人喜爱的作品。这幅《神圣的对话》是圣卡洛歌剧院的著名掌门人，多美尼克·巴尔巴扬的藏品之一，也是画家富有创作力的一生的最后的灵光。

## 提香

《保罗三世和其侄子亚历山大和奥塔维亚》1546

布面油画
202 x 127 cm
来自法尔奈斯家族藏品

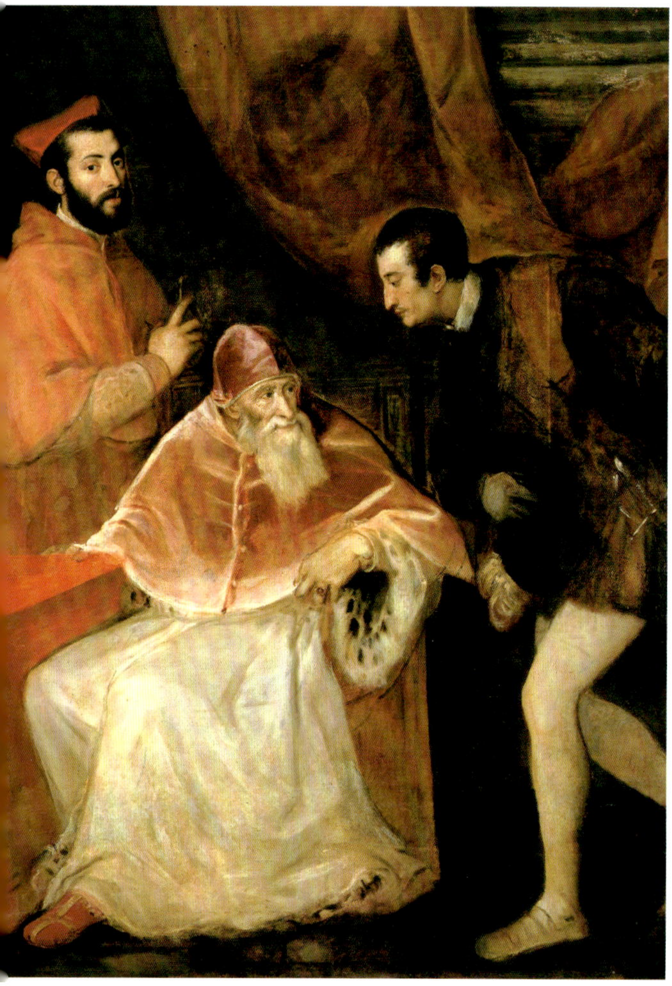

此画于1546年作于罗马，距离《达娜厄》这幅标志着其风格分水岭的作品不久，这幅肖像画属于提香本人最富“罗马”风格的时期。事实上，如同X光照片检测而得的那样，这幅画的初稿而不是最终的表现形式，是受拉斐尔著名作品《雷昂十世和两名红衣主教》启发，拉斐尔这幅作品现在保存在佛罗伦萨，但是在城市中也有许多副本（其中有一幅安德烈·让·萨勒尔诺的作品同样保存在卡波迪蒙特博物馆）。尽管瓦萨利关于这幅《保罗三世和其侄子亚历山大和奥塔维亚》有着“受到画中人的一致好评”这样的记载，但这幅油画看上去并未完成，特别是画面后部，几乎还保持着草稿的状态。尽管如此，这幅作品仍然被公正地认为是“所有时期最伟大的描绘灵魂的肖像画之一”，确如一位学者所言，体现出这些年来教皇和奥塔维亚不断恶化的关系（如此确证了画作的未完成）。我们不知道事实上保罗三世的眼神可否被定义为“充满疑虑的”；确实右边的形象，即野心勃勃的奥塔维亚，看上去阴险狡诈，令人讨厌，一派虚假的恭敬。另一边的亚历山大显得与这两个形象保持着距离，不甚亲近，似乎对兄弟的阴谋一无所知，而将眼神直直转向观众。无论这幅画想要表现的对三人关系的解读如何，画作本身运用了不同的红白色调，和谐地组合在一起，是其他画作所无法企及的典范。

作为博学睿智的大家，亚历山大（1520—1589）介入了一些和教会有关的重大任务，其中包括调停神圣罗马帝国皇帝卡尔洛五世和法兰西皇帝弗朗西斯科一世冲突的尝试。作为慷慨的文艺事业资助者和伟大的建造者，他建造了罗马的耶稣会教堂和公学，以及卡普拉洛拉的法尔奈斯宫。他育有一个女儿，名为克莱丽娅，因美貌而闻名于世。

奥塔维亚（1524—1586）是皮埃尔·路易奇之子，15岁左右和卡尔洛五世的私生女成婚，并伙同岳父向帕尔马公爵进行了复仇，但保罗三世此后将这块封地指派给儿子皮埃尔·路易奇。直到1547年父亲惨死时，奥塔维亚才成功沿袭爵位。他去世后，公国传到了站在西班牙人一边的伟大指挥官和政治家亚历山大·法尔奈斯手中。

在卡波迪蒙特宫还藏有两幅保罗三世的单人肖像画，几乎都是同时代的作品。教皇经常被描绘成一个活泼和蔼的老人，实际上却是个任人唯亲、裙带作风严重的典型，当需要从教会国中分离两片区域——帕尔马公国和卡斯特罗公国时，他将前者分给了四子中的长子皮埃尔·路易奇，后者分给了侄子奥拉奇奥。

# 提香

《达娜厄》1544—1546

布面油画
118.5 x 170 cm
来自法尔奈斯家族藏品

卡波迪蒙特博物馆收藏着数量众多的提香作品。在帕尔马的花园宫中清点出的32件提香作品中，有11件都存放在卡波迪蒙特博物馆。这些作品中，《达娜厄》也许是为保罗三世的侄子亚历山大·法尔奈斯所作，向来是其最钟爱的画作。这幅作品在当时就广受欢迎，可以在同时代不计其数的同题画作或复制品中窥见一二——这类作品至少有10余幅，其中最出名的分别藏在普拉托、维也纳和纽约。达娜厄是阿尔克斯国王的女儿，也是宙斯许多滥情故事的受害者之一——为了得到她，宙斯化成了一场金雨。画中少女对神祇的企图并非一无所知，而是混杂着惊恐和惊讶两种复杂的情绪望向天空。这幅画在画家短暂停留于乌尔比诺期间作于罗马（停留时间不到一年，1545年到1546年间画家骑马往来两地，但是可能在离开威尼斯前创作就开始了），这幅油画在当时非常先进，将提香渐渐带出青年时期塑料感的色彩用法——和乔尔乔内非常相似——倾向于使用更自由散漫的笔触和颤动的光。

## 佛兰芒工坊

《俘虏法兰西国王弗朗西斯科一世》1528—1530

羊毛、丝绸、金银线挂毯
435 x 789 cm
1862 年瓦斯图侯爵阿瓦洛斯赠送

这幅挂毯以贝纳特·凡欧莱利的图稿为蓝本，1528 年至 1530 年间完成于布鲁塞尔，是为神圣罗马帝国军队帕维亚战役大捷所作的七幅系列作品之一，其中佩斯卡拉和瓦斯图的侯爵，费迪南德·阿瓦洛斯，也就是将挂毯赠予博物馆的阿瓦洛斯侯爵的先人，在此战役中做出了卓越的贡献。1524 年，弗朗西斯科一世麾下的法军入侵伦巴第大区，他们没有直接攻打帝国军队最薄弱的环节，反而选择包围帕维亚，却方便了德国援军抵达围城。经过一系列小规模战斗后，1525 年 2 月 24 日黎明时分，皇家军队突袭法军阵地，西班牙 - 法国联军溃散。然而在初始的胜利之后，弗朗西斯科一世的骑兵发起反击，阻塞了皇家军队步兵前行。在此功败垂成之际，阿瓦洛斯侯爵灵光一现，决定启用火绳枪兵队，凭借密集的火力重创法军，弗朗西斯科一世因此落败，一代帝王沦为阶下囚。这是法兰西历史上的一次大溃败，其惨烈程度只有赛丹战役可以与之相比。帕维亚战役的胜利奠定了西班牙国王在意大利超过两个世纪的统治。七幅挂毯系列都是向战役中帝国军队得胜的时刻致敬，布鲁塞尔接受了这一任务，织就了这些挂毯并进献给卡尔洛五世。之后，这些挂毯被收入国王的姐姐——匈牙利的玛利亚皇后宫中，直至 1571 年，才回到用火绳枪兵出奇制胜的主要指挥官的后裔手中。

背景处的角楼无疑是对米拉贝罗城堡的想象与再创造。城堡所在区域中心向北延伸即是帕维亚，而当时法军正驻扎在此地。战役在夜间打响，帝国军队鱼贯潜入古老的威斯康泰，将酣眠中的敌军打得措手不及。

此处闯入的一众骑士是由波旁家族司令管控的，指挥官也包括阿瓦洛斯侯爵（各人物姓名均绣在挂毯上）。神圣罗马帝国的军队指挥权就在此二人以及兰诺伊总督手中。往下在前景中，一名骑兵向一名步兵传递胜利的消息，画面中央三名骑士举起长矛痛捣黄龙。

弗朗西斯科一世（金发有髯须，未着皮甲）被俘，由三名骑士架起，其中一名骑士是指挥官旺·萨尔姆，他杀死了受伤的马。他们左侧的一名士兵举起法兰西国王的佩剑，就像举起战利品一般。画面最左侧下马的绅士是那不勒斯总督查尔斯·兰诺伊，他受卡尔洛五世的任命接管法军俘虏。

# 埃尔·格列柯

《朱里奥·克罗维奥肖像》1571—1572

布面油画
62 x 84 cm
来自法尔奈斯家族藏品

画中人克罗维奥食指指的是他为亚历山大·法尔奈斯所作的圣母祷告图（现藏于纽约皮尔蒙特·摩根图书馆）。这是此画作于画家旅居罗马时期的另一证明。

朱里奥·克罗维奥是当时声名远播的微型画画家，在年轻的埃尔·格列柯旅居罗马期间具有举足轻重的地位。事实上，1570 年 9 月，是克罗维奥以罗马法尔奈斯家族图书管理员的身份向其庇护者——红衣主教亚历山大·法尔奈斯推荐了格列柯："有一名来自坎迪亚的年轻人，是提香的追随者。"画家当时是否已经身在乌尔贝我们无从得知，但我们知道格列柯获准进入圣路加美术学院的确切时间是 1572 年。虽然接下来发生的事情没有切实的记载，但评论界越来越多地倾向于埃尔·格列柯——当时仅仅是多美尼科·西奥考皮勒斯（译者注：Domenico Theotokópulos 为画家本名，El Greco 在西班牙语中意为希腊人，是依格列柯的希腊血统而取的别名），在之后的一年内已经回到了威尼斯。因此，这幅画家

自己签名的画作属于他在罗马短暂停留时期。画作是纯粹的维内托风格：作为极具天赋的追随者，画中表现出提香后期画风的压倒性优势，也体现了廷托雷多和巴萨诺画家家族的影响（比如雅克布·巴萨诺的影响在博物馆中另一幅埃尔·格列柯的画作《男孩点灯》中非常显著）。这幅画离格列柯在西班牙时更著名的戏剧性、丰富的想象力和浓重的宗教色彩的风格尚远。然而，从微型画的手稿中已可窥得一斑，而在年长的人文主义者背后风景的昂扬的迸溅的笔触都体现了这些画技的进步。

布面油画
60.5 x 50.5 cm
来自法尔奈斯家族藏品

## 埃尔·格列柯

《告密者》约 1575

这幅画原藏于法尔奈斯宫，如同 17 世纪资产清查者所描述：“年轻的小伙可笑地试图用余烬点燃油灯。”画中表现出埃尔·格列柯和廷托雷多和特别是巴萨诺家族相比的差距——在后两者的描绘夜间场景的作品中，经常出现类似的情景。再一次，这位坎迪亚的画家与当下的潮流相合，成了独一无二的主要人物。老普林尼在他的《博物志》中提到了阿佩拉的竞争对手，安迪

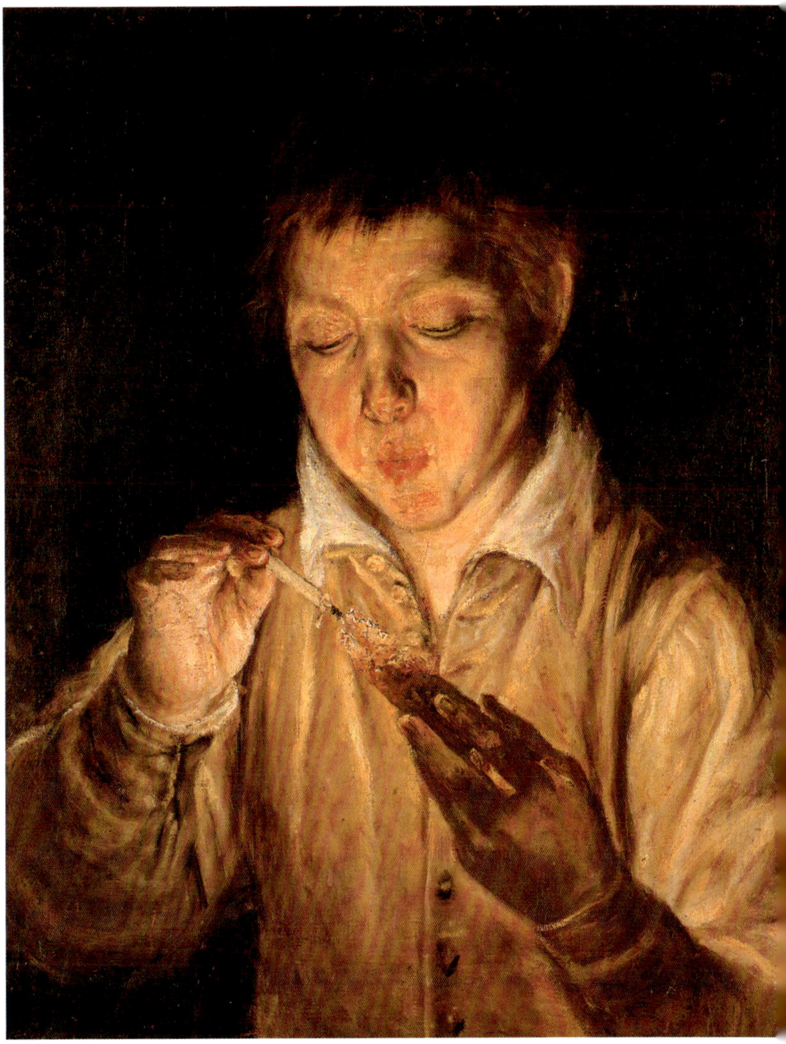

费罗·阿雷桑德利亚的一幅画，画的是一名吹火的青少年，因火光熊熊映在男孩脸上和周边事物上而大受赞赏。对于一名刚刚进入当时罗马优雅精致氛围的年轻画家来说，这对于丰富古典主义参考画作的高超技艺的挑战无比恰当。鉴赏家们肯定都非常赞赏画家这一技能的显示：关于这幅画共有四个版本（画家自画的和其他人画的）有可能作于意大利，其中仍有部分保留在意大利境内。另外，画中的这个人物在卡波迪蒙特博物馆另一幅作于西班牙的油画中还有出现，身边相伴着一名男子和一只猴子，也许正是影射了成语“干柴烈火”吧。

这幅画对光线的反射进行了极其仔细的研究，并以不同程度的“完成”和不同厚度的笔触将成果跃然纸上，例如，在余烬仍然燃着的部分运用了浓重的光亮的颜色，塑造出类似白热的物质的效果。

## 约阿基姆·博卡利亚

《广场上的集市》1566

布面油画
136.5 x 165.5 cm
来自法尔奈斯家族藏品

作为彼得·阿里埃森的学生，博卡利亚从他身上汲取了如此之多的经验，以至于风格与其混淆，年轻时期的作品尤为明显。与老师相比，博卡利亚更注重为静物留下空间，常常在前景中放置大型形象，并表现出对背景建筑的浓厚兴趣——他常在画中加入塞利奥或者其他相关建筑师的同时代建筑——随着时间的推移，他不仅在画面结构和布局上有所进步，用色也更精到，显得更自如和精细。卡波迪蒙特博物馆有幸收藏了这位佛兰芒画家的8幅大型油画，充分地展现了他的风格。《广场上的集市》在某些部分却与他一贯的风格不同——与其他群像画作不同，这幅画中的人物更小而边缘化——除此之外仍是保有博卡利亚特色的作品。非常特色的比如背景处出自于《圣经》的一段故事，即《马太福音》，放在一栋“现代”建筑的直棂窗前方和下部；或是视角，前景处视点非常高，可以看到所有的货物，无论远近，而画面靠近背景处视点却变低了，借此可以深入表现生动有趣的神奇建筑场景。1566年这个年代是在桥上奇异的大面具边上发现的，而中央其中一个酒桶上刻着画家名讳的交织字母，画中他本人躲在附近，头戴羽毛帽，身披红色斗篷。

# 彼得·勃鲁盖尔

《厌世者》1568

布面胶彩画
86 x 85 cm
来自法尔奈斯家族藏品

窃贼奇特而超现实主义的形象让人想起柏林博物馆中的《佛兰芒谚语》，画中他出现在右下方，但更让人联想到博什更梦幻奇异的臆想油画。

《厌世者》是一幅神秘莫测的画，和《盲人寓言》一样，属于科斯莫·马西伯爵，弗兰德的指挥官亚历山大·法尔奈斯的秘书。1612年，在帕尔马封地领主反叛失败后被拉努乔一世收入囊中。画的关键是两个人物脚下的一行字，从佛兰芒语译过来大概是："世界如此危机四伏，尔虞我诈，我只得踽踽悲伤，为此服丧。"这个句子和景象在让·威利科斯的雕刻中更为明显，是其《佛兰芒十二谚语》系列作品的一部分。主题是远离充斥着堕落人群的欺骗人的世界，来到古希腊时期的提莫内海滩或是或同时代"鹿特丹的伊拉斯谟"的某些作品中。

戴着帽子、披着斗篷的人，在过去被认为是伪君子或是隐士，但并不是画家批判的对象，因此《厌世者》一名也许并不贴切。画中有许多隐射世界和其残酷性的细节：包裹着企图切下心脏的盗贼的玻璃球体，人物在前行时必须遇到的尖刺，他所穿的令人联想起哥特墓地里痛苦人群的衣衫，以及无动于衷地放牧的牧羊人。圆形的画面轮廓是谚语表达画的特征。画面右下角的签名和1568年字样，也许并不是画家亲笔所书，但是构图的精粹性和画风证实了此画是勃鲁盖尔卒于1569年前最后的作品。

布面胶彩画
85.5 x 154 cm
来自法尔奈斯家族藏品

# 彼得·勃鲁盖尔

《盲人寓言》1568

勃鲁盖尔总是对建筑有着特殊的热爱，在许多画作，如藏在维也纳的不可思议的《巴别塔》中可见一斑。画中跟着人物形象有一句诗句，也很好地印证了这点，画中的小教堂的确存在。

《厌世者》和《盲人寓言》有许多相同之处。两者原是科斯莫·马西伯爵，亚历山大·法尔奈斯秘书的收藏，当时就已被公认为绝对的佳作。两幅都是薄蛋胶画，非常轻薄，直接铺开在亚麻布上，很好地解释了为什么画作偏土色，同时却保持着鲜亮的色泽。两者均作于1568年:《盲人寓言》事实上在画面左下角有签名和日期:“勃鲁盖尔M.D.LXVIII。”同样，这幅画也能从《佛兰芒十二谚语》中找到出处。与其呼应的雕刻作者是彼得·凡·登海登，自然也是《盲人寓言》最新的灵感来源，均出自《新约》中的《马太福音》和《路加福音》雕刻内容和《圣经》一样，盲人共有两名。最近的四名盲人的版本是科内利斯·梅茨的印刷作品和勃鲁盖尔本人的一幅练习作(收藏在柏林蓝顶美术馆)，和此画中左部非常相似。同柏林蓝顶美术馆中的练习作相比，这幅画更有动感，人物前倾，让人觉得就要狠狠跌倒——脸的扭转也是一样——沿着对角线转向看上去是平行的风景，但是事实上也朝着坑洞倾斜。

# 奇科利

《悲悯》约 1596—1600

木板油画
101 x 76 cm
来自法尔奈斯家族藏品

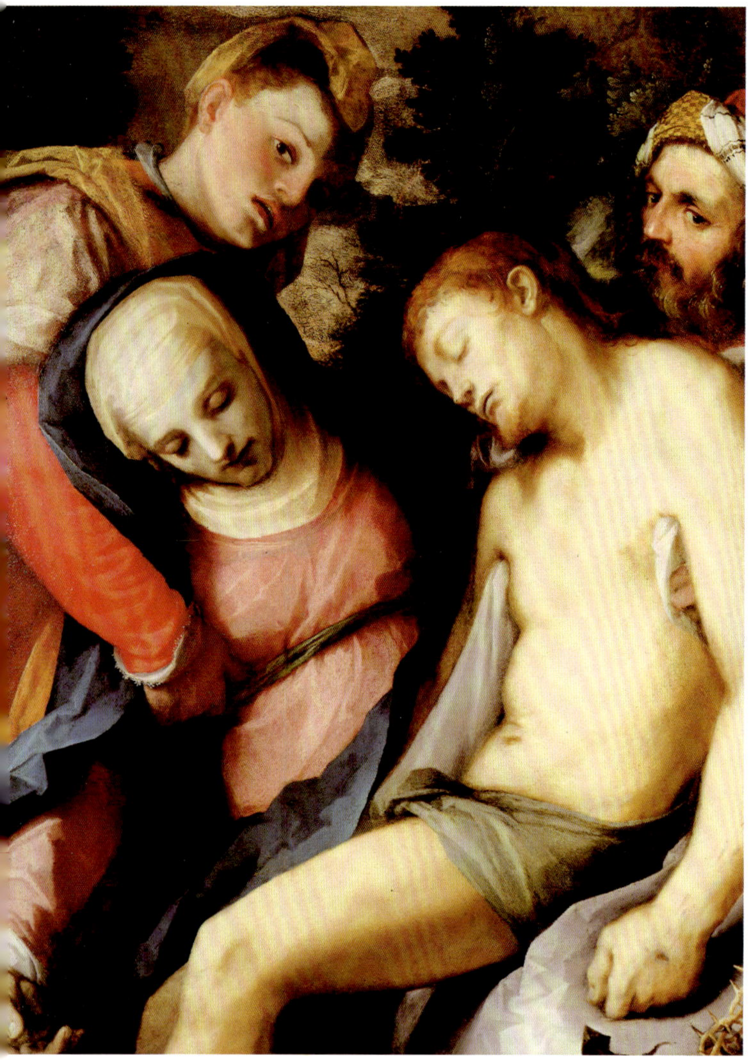

法尔奈斯家族的古老藏品中，很少有作品像这幅《悲悯》一样历经波折，关于其作者也是争议不断的。这幅画在 1964 年被马拉乔里收入美术馆名录中托斯卡纳大师作品之前，在托斯卡纳和艾米利亚间辗转，其作者从巴洛奇、贝卡富米到安塞尔米和年轻的安尼巴勒·卡拉奇，众说纷纭。但是这幅画的质量从未受到怀疑，甚至在费迪南德四世被法国人追击逃亡的过程中，也被收入了带往巴勒莫保护的杰作名录中。而画中的确体现了奇科利受到各种不同的启发与影响，除了与托斯卡纳其他前辈的画风相似之外，还吸收了科雷乔（画家自己也承认科雷乔是其“色彩导师”）柔和的渐变手法，巴洛奇的冷色调和衣物的褶皱，还有具有“伦巴第色彩”的描绘事物的自然主义风格（如今我们统称其为波河派）。以上所有特点（结合形状的简化和反宗教改革主义的敏感画面构成）已然和许多托斯卡纳矫饰主义画家符合学术和解剖学的扭转姿势大相径庭了。由于这些原因，再加上卡拉奇前往博洛尼亚一事众所周知，这幅画被认为作于 16 世纪末（或者确切些来说，鉴于齐亚里尼强调的皮蒂宫中“圣家庭”的精巧色彩，作于 16 世纪 90 年代初）。

# 安尼巴勒·卡拉奇

《十字路口的赫拉克勒斯》1596

布面油画
165 x 239 cm
来自罗马法尔奈斯宫

16 世纪初罗马唯一最重要的绘画活动毫无疑问是委托安尼巴勒·卡拉奇进行的法尔奈斯宫装饰。他的委托任务包括两个房间：小房间（1595 年到 1597 年）和画廊（1597 年到 1600 年）。

除了小房间天花板中央的《十字路口的赫拉克勒斯》是油画，其他所有的画都是湿壁画。和法尔奈斯家族其他藏品一样，前者在 17 世纪后期被取下并带到帕尔马。作为安尼巴勒的杰作，充分地展示了“将理念和自然相融合”的思想，正如评论界和传记作者贝洛里所推崇的那样，是这位博洛尼亚的伟大艺术家的创举，正是由此引发了后期的古典主义浪潮，在 17 世纪占有重要地位，并在 18 世纪下半叶演变为新古典主义。其题裁完全符合古典主义风格：严格按照水平与垂直线布局的构图，明亮的颜色，铺陈的光线，姿势各自平衡的人物形象，以及让人联想起古代和文艺复兴全盛时期的动作。故事来自色诺芬的《回忆苏格拉底》：画面右边是罪恶，袒胸露乳充满诱惑的女子，代表着通往享乐的繁荣坦途，左边是美德，代表着通向名声的上升小径，由珀伽索斯象征。尽管这幅画具有道德意味（显然赫拉克勒斯一定会选择美德），却同达涅阿和其他女子的裸像一起，经波旁家族赠送，收藏在情色绘画画室中，只有受到宫廷许可才可进入观赏。

赫拉克勒斯的形象很显然是基于经典雕像创作的，由人物背后的棕榈树——名望和胜利的象征所衬托。当时小房间的所有装饰都集中在表现美德上，一方面由希腊英雄（十二苦役）所代表，一方面由珀耳修斯和美杜莎，尤利西斯和美人鱼以及其他类似画面所表现。贝洛利对此在其著作《画家 XX 的生涯》中有美丽与精准的描述。此书于 1672 年在罗马出版。

罪恶通常是由裸体的女性表现的，根据惯例都伴有一系列代表俗世生活乐趣的事物。另外，那两个面具也是和罪恶一同滋生的欺骗的象征。这些物体是静物画的一个极佳的介入，由此平衡了画面另一端的老人的形象。

有时候，美德是由密涅瓦表示的。她是智慧女神，也是赫拉克勒斯的保护神。有时候，美德边上伴随的是名望或是时间。而画中此处只有一名老者，手持一本打开的书，头戴桂冠，眼睛看着赫拉克勒斯。老人代表准备歌颂英雄伟大事迹的诗人，当时赫拉克勒斯正准备选择更艰辛的路。

# 巴尔多罗默尔·斯盖多尼

《仁慈》1611

布面油画
180 x 128 cm
来自法尔奈斯家族藏品

卡波迪蒙特美术馆藏有丰富的巴尔多罗默尔·斯盖多尼的作品，超过十五幅。人们自然会想到画家一生大部分时间都在帕尔马度过，自1607年起到逝世，都是当地的宫廷画家。他的作品中，这幅《仁慈》可谓最大型也是最独特的绘画。画作的主题没有遵循固有的隐喻形式或是通过象征物来表现，而是通过极为现实的场景来展示。但是同时画作也有着深刻的超现实和令人担忧的意味：右边的人物形象看上去就像画中的圣人显圣一般，光洁明亮；画中的幼童——几乎像一尊优雅精美的雕像——他直视着观画者，目光中并没有责备，实际上能引起人们帮助的想法，几乎像是在考验良知；盲人和饥饿者的形象通过更谦恭的颜色和更强烈的明暗对比显得更世俗；衣衫褴褛的盲人眼神空洞，望向虚空，和幼童的眼神形成鲜明对比；画面左边略显奇怪地加入了一张纸，和边缘上张贴的布告一同构成了一个十字架……

我们在画里看到斯盖多尼成熟时期的画风（温暖浓稠的色彩，勾勒肉体和衣物众多褶皱的流畅笔触），特别的色调对比，大胆的构图，现实主义和人工场景并存，使得这幅《仁慈》独一无二，极具现代感。

# 西蒙·沃特

《耶稣割礼节》1622

布面油画
290 x 193 cm
来自那不勒斯圣天使教堂

“《耶稣割礼节》这幅画很明显应属于后一代画家，即斯坦齐奥内的那一代，具有极高的重要性……无论是构图还是画作的细节，都可以列举出许多（17世纪）上半世纪各南方画家在此画中留下的影响。”艺术的热衷者拉法埃罗·考萨在1954年再次发现这幅画时如是评述。尽管考萨独具热情，但却判断错了时期。

事实上，这幅画在那不勒斯举足轻重，1622年时自罗马来到此地，却无法解释地在接下的数个世纪中屡屡遭到遗忘，辗转湮没于米兰普罗卡其尼家族的令人叹为观止的藏品中。除此以外，《耶稣割礼节》代表了西蒙艺术生涯的深刻转折，他在1613年至1627年间活跃于罗马。事实上，在这幅卡波迪蒙特的大型画作中，画家已经摒弃了之前罗马时期的卡拉瓦乔主义，而深受1620年到1621年旅居热那亚时期的经历，以及之后的意大利北部游学之旅的影响。在《耶稣割礼节》中，光线均匀地散开，构图依照着建筑物的垂直与水平方向，主要人物处于画面的中心，十分显眼，前景里散布着一系列物品和人物，以传统矫饰主义的方式向观画者展现场景。这幅画具有巧妙的舞台表现力，引发了绘画界的一场演进，使得沃特成为继艾克雷·德·枫丹白露之后和普桑出现之前法国最重要的画家。

根据圣路加的讲述，耶稣的割礼在古代天主教中象征着弥赛亚的鲜血第一次流出。耶稣会，顾名思义名字与圣子关系密切，其教士根据希伯来的传统，赋予这一仪式独特的关联，即在婴孩诞生第八日（即行割礼时）为新生儿赐名。

在年长牧师的左边是圣朱塞佩，通常情况下此形象并不出现。耶稣割礼这一基督教的意象并没有以父亲的房子为背景，而是错误地安置在圣殿中，在祭台的周围。在画作的底座上，画家刻上了"Simon Vouet Parisien / F. Romae MDCXXII"（西蒙・沃特・帕里森 /17 世纪・罗马）。没有任何记载证明这位法国画家曾到过那不勒斯，甚至圣马尔蒂诺最重要的油画都是来自于罗马，卡波迪蒙特中所保存的《双天使像》以及古代资产清单中所记载的不计其数的作品都是一样。

朝着罐子里看的孩童仅仅是沃特引入画中的诸多元素之一，对主要的故事情节起了评注并强化的效果。在他的左边，画家加上了一男一女，和另一侧的大型炭火盆形成了对比和平衡，接着是巨大的深红色的帐篷（和圣母的服饰颜色一致），另一侧的柱子在炭火的炙烤下熠熠生辉……最佳的舞台技法和精湛的技艺优雅地结合在一起。

# 克劳德·洛瑞恩

《艾杰利亚仙女·风景画》1669

布面油画
155 x 199 cm
1800 年购入

克劳德·洛瑞恩画中想象的建筑灵感来自现实中的经典建筑，这幅画即受了万神庙的启发，并将其完美地融合进了光亮的风景中。正是这一点使得他的作品比其他英国画家，如雷诺兹、康斯特博和透纳更吸引人。甚至连拉斯金都承认（尽管他并不中意这位画家），没有人比洛瑞恩更清楚如何表现太阳和光芒。

尽管洛瑞恩一生都在意大利，特别是罗马度过，但是他只有极少数作品留存在意大利境内。他的同胞普桑在巴黎远比在罗马受欢迎，而洛瑞恩则在乌尔比诺炙手可热，受到当地大部分收藏家的慷慨委托作画。因此，那不勒斯的这幅《艾杰利亚仙女·风景画》的价值至少翻倍。

委托人是洛伦佐·欧诺伏里奥·克罗纳，也许他是从提托·利维奥身上得到的灵感，题材在奥维德的《变形记》中有也所体现。艾格利亚是陆马·庞培流斯的顾问和情人，在他死后悲痛欲绝，泪如泉涌，最后狄安娜把她变成了一口清泉。画中的湖很像与艾杰利亚有关的奈米湖，正是狩猎女神狄安娜的崇拜之地，和画面上隐隐可见的马里诺市一样，也是克罗纳的封地之一。克罗纳家族的荣耀因此和最古老的罗马神话一脉相承，变得合法。此画上有签名和年代（1669 年），在《真理之书》记载中这幅画作有二次创作，后者是画家从 1638 年起自己复制所有自己作品的笔记本（并记载着所有的委托人），以保护作品的原创性免遭临摹者的毁损。《艾杰利亚仙女·风景画》是画家成熟时期的作品，充分表现出克劳德作为风景画家的天赋，他是描绘光的大师，将光芒、氤氲、自然的细节完美抽象融合，绘制出明亮巨大的古典主义风格构图作品。

布面油画
192 x 264cm
1802 年购入

# 奎多·雷尼

《亚特兰大和希波墨涅斯》约 1620—1625

有评述深刻指出，在画中有着谜一般的生活，掩藏下的忧郁，如同在失落世界中的梦，有着表面上有形的美感：这世俗童话，在反宗教改革运动时期，就是被赶出“伊甸园”的亚当和夏娃。

奥维德在他的著作《变形记》中讲述了亚特兰大的故事：亚特兰大仇视所有男性，以失败者的生命为赌注，向所有求婚者挑战赛跑，然而每次的胜利者都是她。希波墨涅斯也想挑战这位以速度著称的少女。狡猾的维纳斯给了他三个金苹果，以少女的虚荣心作赌注，在比赛过程中年轻的希波墨涅斯将苹果逐个掉落在地上。事实上，亚特兰大无法抵挡诱惑，她停下来收集这些金苹果，因此输掉了比赛。雷尼以宏大的篇幅向大家展示故事的高潮部分，画作的主角只有两名年轻人，超脱了时空的限制。亚特兰大和希波墨涅斯距离观画者如此之近，处于复杂的对角线构图关系中，部分区域明亮，部分掩藏在阴影中。两名主人公如此动感，同时却表现出形而上学式的静止状态，形成宇宙时空中的一抹独特景观。冷色和铅灰的背景色调为渲染抽象的诗意增添了浓重的一笔。这幅那不勒斯的画作也许可以在曼托瓦的龚扎卡家族资产清单中找到日期，也是费迪南德四世在 19 世纪初为博物馆购置的诸多藏品之一。其成画日期可以追溯到 17 世纪的 30 年代，在此之前有一幅同题画作保存在普拉多，和我们这一幅完全一致。

# 卡拉瓦乔

《笞刑》1607 和 1609

布面油画

266 x 213 cm

寄存于那不勒斯圣多明戈大教堂

卡拉瓦乔两次在那不勒斯短暂停留，第一次是 1606 年至 1607 年间，第二次是 1609 至 1610 年间。这幅油画确定是在他完成第一份那不勒斯重要委托——为其仍在原处的同名教堂所作的《仁慈七作》之后。据记载，1607 年 5 月他收到了委托人托马索·德·弗朗西斯支付的 250 公国盾。第二次大约是在 1609 年前后，他从西西里回到那不勒斯时，这幅画被重新拾起并修改：对左边的人物形象进行了姿势的修改，为保持画面表现的纯粹感，第三个刽子手面部被模糊处理了。尽管这幅画是从远方罗马蒙托里奥的圣彼得教堂中赛巴斯蒂安·宾堡的湿壁画汲取的灵感，卡拉瓦乔这幅《笞刑》却具有前所未有的表现力。非常具有戏剧色彩的是耶稣和两个刽子手的冲突对比。耶稣更洁白，几乎身无寸缕，被光芒照亮，而两个刽子手一半身体被黑暗吞噬。同样的对比也存在于耶稣细致而引人注目的面容与两个施刑人粗粝的脸庞中。这幅画的美体现在其自然写实主义上——耶稣的呢绒布缎逼真而忠于现实：他软软倒下的情状反衬出柱子的笔直，也进一步印证了耶稣的虚弱，仿佛失去了支持就会跌倒在地上。如同所有其他成熟的作品，画面色彩使用非常纯粹，有着连续的阴影。卡拉瓦乔在这里展现了一个非常聪明而严谨的构图，强烈的明暗对比在图中起到了决定性作用，塑造出有力而纯粹的悲恸。

## 卡尔洛·塞利托

《圣切奇莉亚》1613

布面油画

260 x 185 cm

来自那不勒斯索里塔利亚圣母教堂

对圣切奇莉亚作为音乐保护神的崇拜，以及将管风琴作为其圣器的传统事实上可以追溯到 15 世纪《圣经》中使徒行纪的错误翻译："cantantibus organis，Caecilia in corde suo soli Dominodecantabat." 17 世纪时，她的地位并未改变，但是加上了其他乐器（小提琴、诗琴或低音古提琴）。

在那不勒斯，卡拉瓦乔带来的变革的洪流以及伴随而来的风格更新在塞利托身上非常明显，正如 1977 年仿佛被"再度发现"时评论界所定义的那样，他是"第一位卡拉瓦乔主义的那不勒斯画家"。学成于桑塔费德派的晚期矫饰主义在那不勒斯风行时期，塞利托颇负盛名，其肖像画水平尤其出众。然而他并没有任何一幅肖像作品传世，逝世后画室里也找不到任何静物画和类似题材的画作。只有十余幅真正的手迹留存至今，均是宗教题材，其中一幅原先藏于卡波纳波利圣阿涅罗教堂的《圣卡尔洛·巴罗梅欧》如今保存在博物馆中。在稍晚时期的《圣切奇莉亚》一画中，这位伟大的伦巴第画家学会了强烈的明暗对比、真切的写实主义、严肃的用色以及特别是右下角小天使的阴影和圣徒的侧脸。同时，画作的构图和背景处的人物仍遵循了传统的风格，而正如评论界所证实的，画中表现出塞利托已受到 1612 年起在那不勒斯发展的圭多·雷尼的潮流影响了。众所周知，圣切奇莉亚是音乐家的保护神。而这幅画是 1613 年聚集皇家礼拜堂乐团的乐师们委托画家所作的，正是为该协会名下的为圣切奇莉亚所设的索里塔利亚教堂而作，如今此教堂已经不复存在。

布面油画
183 x 129 cm
1973 年购入

# 巴蒂斯泰洛·卡拉乔洛

《缚于柱上的耶稣》约 1625

那不勒斯画家巴蒂斯泰洛·卡拉乔洛似乎比卡拉瓦乔更具卡拉瓦乔特色，他在年轻时期就留下了不少作品，除了卡波迪蒙特博物馆中保存的 17 世纪前二十年的画作之外，还有比如那不勒斯明星圣母教堂中的《圣灵怀胎》、米塞里克尔迪亚皮奥山的《圣彼得获得解放》等。这些作品都诞生于那不勒斯，画家满腔热情倾心求学的地方。《缚于柱上的耶稣》即是这批画作之一。强烈的明暗对比，

具有特色的处于古铜和象牙色之间的色调，几乎凝滞于一瞬间的戏剧场景，巧妙的构图，都让人联想起卡拉瓦乔。事件的悲剧色彩在耶稣和施虐者的关系中淡化了，与伟大的伦巴第画家卡拉瓦乔的《笞刑》所体现的干脆的、不可逾越的冲突相比几乎显得辩证主义。根据最近发现，这幅作品是 17 世纪 30 年代中叶所作，正处于画家和青年作品相比向更柔和的塑形与对比转化的时期。实际上，在这些年间，佛罗伦萨和罗马之旅已让卡拉乔洛受益匪浅，但他从未放弃过卡拉瓦乔主义，而是在画中体现出对矫饰主义的怀念和古典主义的新思路。根据记载，和卡拉瓦乔及其诸多追随者不同，那不勒斯画家卡拉乔洛是位一生多产的壁画画家，而这一身份和他风格的激发与转变无疑有关系。

必须将这幅画与保存在圣多明戈大教堂的卡拉瓦乔的同题作品相对照：卡拉瓦乔的画中圣子精疲力竭，接受自己的命运，而此画只表现了一名遭受虐待的男子，恐慌地试图逃离施虐者。巴蒂斯泰洛在他头上正确地加上了荆棘冠，这是属于下一时刻耶稣受难的元素，是耶稣对施虐者的嘲弄。

## 牧羊人领报大师

《牧羊人领报》约 1625—1630

布面油画

178 x 262 cm

1884 年卡拉乔洛・阿维力诺王子赠予圣马尔蒂诺博物馆

人物、衣衫和动物在铺散的光线下半明半昧，突出了画面的明暗对比，所有画中的元素都沐浴在作者精心布置的光芒的交织和笼罩中（左边的人物，右边的绵羊和高处的小天使）。

绘画的历史长河中，有许多佚名画作，也有许多未留下作品的画家，就像费德里克·泽里一样。这幅精致的作品就是一则例证：评论界曾多次试图为其确定作者，但从未有一个令大部分学者信服的提名（其中有巴尔托罗莫·巴桑德、胡安·多以及后来的尼古拉·罗西……）。根据画作情况，我们认为其作者是一名深受朱瑟皮·德·利贝拉（生于瓦伦西亚，1616 年来到那不勒斯）影响的西班牙画家或那不勒斯画家。画作的主题是福音传道故事中的牧羊人领报，通过自然主义的手法表现，将常见的天使换成了两个胖乎乎的、非常俗世的幼儿，在有着厚厚的羊毛的绵羊身边加入了贫苦潦倒、衣衫粗糙褴褛的牧羊人。

画作用色厚重，笔触粗犷，构图（经过精心谋划）完整封闭。这幅画无疑属于 17 世纪 20 年代至 30 年代那不勒斯流行的自然主义绘画主流，正如上文提到的利贝拉以及斯坦茨奥内、弗朗西斯科·弗拉冈扎诺、瓜里诺、费诺亚和其他画家的作品所证明的那样。同时画中有许多具有强烈利贝拉特色的细节，无论是风格还是类型——只消注意下画面最左侧的少年——体现出委拉斯凯兹年轻时期绘制人物的风格。在最后几年间，我们这位佚名的画家又增加了数幅作品，但是他的身份之谜仍未解开。

布面油画
129 x 181 cm
1862 年阿瓦洛斯・瓦斯图侯爵赠

# 马蒂亚斯・斯托梅尔

《牧羊人朝拜》约 1637

女性的容貌和青年的一样都有圆润光滑的表面，让人想起弘索斯特，后者青年时期的作品经常和斯托梅尔的作品混淆。画家和北方画派的联系在巴勒莫时期的作品中表现得更加明显。（在卡波迪蒙特博物馆中，只有具有强烈的巴洛克风格的《西涅卡之死》是西西里的作品。）

马蒂亚斯·斯托梅尔在意大利学艺，起初旅居于那不勒斯，数年后迁往罗马，1633 年至 1637 年间去往意大利北部，1650 年起常住西西里岛直至去世。他尚在荷兰时，就已经受到了自罗马传来的卡拉瓦乔主义的荷兰画家影响，如特尔布鲁根、巴布伦和弘索斯特，而在一份同时代的文件中所记载，斯托梅尔是弘索斯特的学生。实际上，和弘索斯特一样，画家表现出了对具有强烈人造光效场景的偏爱，这甚至成了他的个人特色，也助他取得了巨大的成功：斯托梅尔被辨识出的作品超过 150 幅，还有不计其数的追随者通过工坊或者临摹绘制同题作品。《牧羊人朝拜》具有象征意义：首先是主题，画家多次重复这个理想的夜间场景，其次是集中的光照，在此画中照亮了婴儿耶稣——在另一主题的其他画作中常能见到蜡烛或火炬——人物的面容、衣衫和身体在简洁的明暗对比中显得更分明突出。

构图极具特色和辨识度，由或大或小的光斑定义，用色温暖、绵稠，和光滑圆润的人物像一样，如同是用黏土塑造。这最后一个特点在其西西里的作品中逐渐显著，笔触也变得更广泛自由。

# 朱瑟皮·德·利贝拉

《醉酒的西勒诺斯》1626

布面油画
185 x 229 cm
自 18 世纪末时成为博物馆藏品

1616 年，经过在罗马短暂却成果丰硕的停留，朱瑟皮·德·利贝拉从西班牙迁往那不勒斯，成为了 17 世纪上半叶在那不勒斯活跃的最伟大的画家。他是当地自然主义的鼻祖，这一风格在佚名画作《牧羊人领报》中达到了巅峰，但同时也在那不勒斯所有主要画家青年时期作品中有所体现：弗朗西斯科·弗朗坎扎诺、瓜里诺，帕桑德、贝尔特拉诺、卡瓦利诺、费诺亚、斯汤茨欧内、德·贝里斯，和许多其他艺术家，甚至以乔尔达诺为代表的下一代画家。画作在 17 世纪中期署名并标注日期，发现于加斯帕尔·卢默尔的卧室中。此人是一名佛兰芒商人，同时也是那不勒斯城里面数一数二的收藏家（如今藏在爱丁堡的鲁本斯的《希律王的盛宴》原是他的收藏品）。之后，画作辗转到了范登艾德手中，他作为著名的文艺事业资助者。尽管在绘画的层面上来看，这幅画属于西班牙艺术，但是并没有从前伊比利亚半岛的印迹，反而如一针见血的评论所言，“具有讽刺的意味”以及“刻意的粗野和庸俗”，纵然必须强调在利贝拉的作品中常常缺乏这种大型主义和严肃感，但此画让人联想起荷兰的卡拉瓦乔主义画家。画作本身有一幅仅有少数不同的印制版本，保存的情况很好，除了原本绘制西勒诺斯的蓝色油布如今已经完全氧化了。

这里的驴子和牵驴子的男孩是两个带有强烈西班牙风格的植入形象。驴子自然是林神西莱诺的象征，他总是烂醉如泥爬不上马背。这些形象下方有一条蛇，口中衔着有画家签名的布告。在这里蛇有可能象征着智慧，但总之和这部分酒神庆典仪式上的林神密切相关。

此处的林神是潘神，半人半羊，田野丰沃繁盛之神，象征着淫欲，与一位林仙结合诞下西勒诺斯。右下角的物品与潘神有关：贝壳让人想起他的亡故同时也是里拉琴的渊源，作为祭品的乌龟是懒惰的象征，而农民的棍子是他的另一个象征。

西勒诺斯头戴葡萄叶编织的花冠，这是酒神巴克的象征。西勒诺斯养育、教导了巴克，陪伴着他的学生在印度时，他停留在阿卡狄亚，在那里酩酊大醉，狂喜不已。尽管是个醉汉，他却掌管着占卜之术，同时也是智慧的象征。利贝拉没有遵循传统的肖像画法，把他描绘成一个长尾巴、有着马耳朵和蹄子的秃顶老人。

# 朱瑟皮·德·利贝拉

《阿波罗和马尔西亚》1637

布面油画
182 x 232 cm
1862 年瓦斯图侯爵阿瓦洛斯捐赠

17 世纪 30 年代时，利贝拉的风格除了维持原有的淳朴与自然外，变得更光亮、更宏大、更精美逼真。这一风格的转变由罗马传来，借着雷尼和兰弗朗科（两者均在那不勒斯长期工作）的成功，以及同乡人委拉斯凯兹来到那不勒斯海湾的契机发展，和那不勒斯核心绘画的类似演化倾向一脉相承。光亮的画面、浓炽的色彩以及阿波罗俊美的形象和扬起的披风，《阿波罗和马尔西亚》这幅画正属于此时期。画中明显见得凡·艾克的影响，而背景处的半羊人群则体现了提香的后期风格。画作的故事来源于奥维德的《变形记》：半羊人马尔西亚拾获了雅典娜的笛子，经过练习后向演奏里拉琴的阿波罗发起了无礼地挑战。自然，缪斯们把胜利赋予了阿波罗。根据传统，他让傲慢的马尔西斯选择了自己的惩罚，最终将他剥皮。虽然我们这幅画签名日期为 1637 年的画作和《圣巴尔托罗默欧殉难》一样具有古典主义色彩，但是利贝拉采用了另一种方式表现，具有能与他同年所作的《维纳斯和阿朵内》（现藏于罗马科尔西尼美术馆）相媲美的精细画艺。《阿波罗和马尔西亚》在布鲁塞尔有一幅 1637 年同作者的复制画，还有一幅卢卡·乔尔达诺所画的非常类似利贝拉作品的同题画作。

# 马斯莫·斯坦茨奥内

《牧羊人朝拜》约 1640—1650

布面油画
255x 210 cm
来自那不勒斯圣爱大教堂

如果我们简化那不勒斯的绘画史直至1656年蝗灾爆发之时，尽管每种简化都有其限制与缺点，但我们能够看到两条主线，即一条以利贝拉为首的“自然主义”，一条以斯坦茨奥内是瞻“古典主义”。斯坦茨奥内起初是自然主义画家，在罗马长期停留之后自然主义有所冲淡（沃特是其中佼佼者），卡波迪蒙特中收藏的《圣阿加达殉难》和《伊萨克的牺牲》证明了这一点，比艾米利亚人和阿尔泰米希亚·詹蒂雷斯基所为人称道的风格定义更早。斯坦茨奥内因此成了“那不勒斯的奎多·雷尼”，创作了不计其数的宗教画，包括为教堂和修道院所作的大型祭坛画和为私人委托者所作的甜美的圣母和女圣徒：都是令人喜爱的，合乎时宜的画作，清新而别具那不勒斯风味，质量极高却缺少真正的、公认的杰作的火花。这幅《牧羊人朝拜》是以特殊的交叉式“eq. max. f.”签名，并以甜美优雅的圣母为特色，而色彩的选用方面，高饱和度的靛蓝、朱红、天青和黄色大面积铺陈，与棕、灰、褐的色调形成优雅的对比。另外，鎏金的背景中着飘扬衣衫的天使和画面中间精心绘制的静物都体现出了画家的特色。构图非常著名，根据圆圈和对角线布局，绘画材料热情而引人入胜。斯坦茨奥内有诸多追随者和模仿者一点都不令人惊讶：只消在那不勒斯的大小教堂中转上一圈就能充分知道这一点。

# 阿尔泰米西亚·真蒂莱斯基

《朱蒂黛和欧洛菲尔内》约 1625—1630

布面油画
162 x 126 cm
1827 年购入

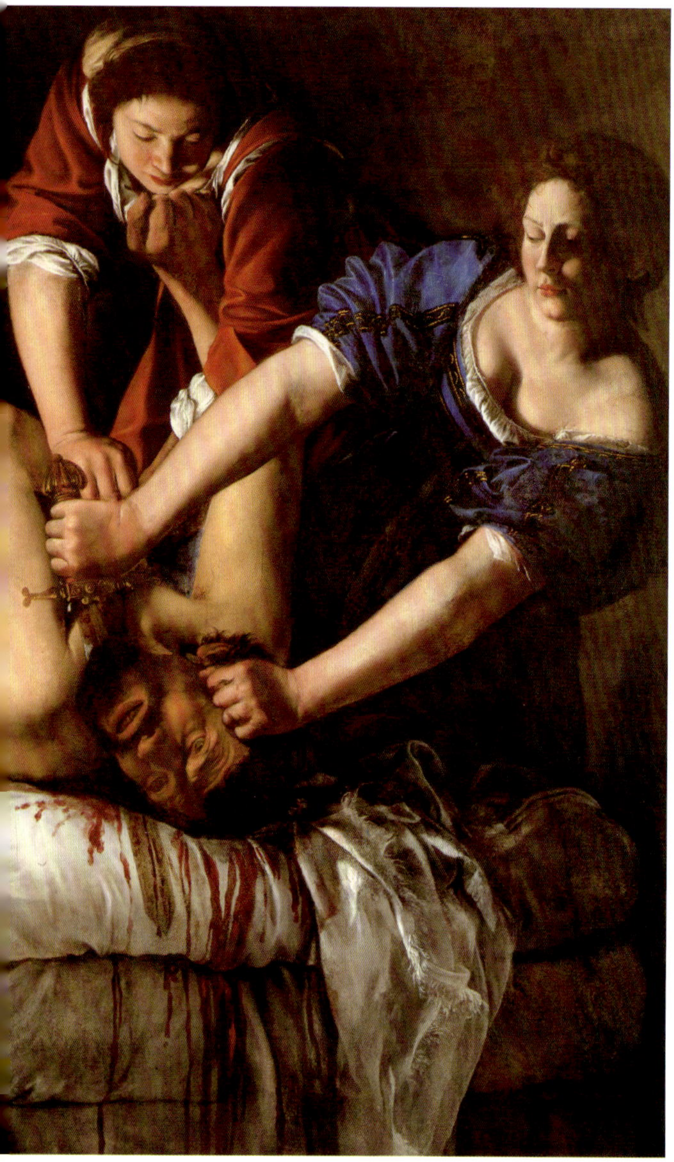

阿尔泰米西亚是17世纪鲜有的女画家之一，1630年来到那不勒斯，但成名在此年之后。她的声名远播也同样得益于她的个人生活。事实上，不止一名评论家指出，阿尔泰米西亚的诸多画作和这幅画一样都体现了当时尚不成文的女权主义。事实上，《朱蒂黛和欧洛菲尔内》也是父亲欧拉奇奥的题材之一，阿尔泰米西亚和父亲共事过很长时间：她父亲同样给我们留下了许多以女性为主题的作品，很显然属于“家族特色”。这幅画作于罗马，受到卡拉瓦乔著名的同题画作启发（卡氏的画作如今保存在巴尔贝利尼宫）。通常来说，这位希伯来的女英雄都被表现为手持亚述国王首级的形象。而在此画中，如同卡拉瓦乔的那幅一样，表现的是故事情节最高潮的时刻：年轻的女郎手刃敌人，斩其头颅。朱蒂黛的姿势和卡拉瓦乔的画一模一样，连露出的厌恶的表情也如出一辙，而女佣转过了身，被年轻化和美化了，积极地参与了刺杀。与卡拉瓦乔相比，画面场景更紧凑更靠近观画者，画面的注意力更集中于被斩首的男子而非女英雄身上。此画据记载作于17世纪20或30年代，充分显示出女画家的托斯卡纳绘画背景：颜色稀有而明亮，形象勾勒清晰准确，注重细节，除了这些特征之外，还有卡拉瓦乔式的自然主义，为真蒂莱斯基父女的画风烙下了深刻的印记。

# 弗朗西斯科·瓜里诺

《圣阿加达》约 1640

布面油画
87 x 72 cm
来自那不勒斯切尔托萨圣马尔蒂诺教堂

弗朗西斯科·瓜里诺在那不勒斯师从于斯坦茨奥内，青年时期深受卡拉乔洛和利贝拉的自然主义熏陶，17 世纪 30 年代转为古典的新维内托主义，最后又回到了斯坦茨奥内具有感知力的古典主义，并在从索罗夫拉（伊尔皮尼亚）到格拉威亚（普里亚）成果丰硕的活动中，将这种风格传播至其他省市。《圣阿加达》在过去被认作斯坦茨奥内的作品并不是偶然的，因其表现出十足的瓜里诺成熟时期风格。画中的女性形象别具斯坦茨奥内风格，无论是其形象的选择、刻画还是面容上的光线都体现了这一点。另外，用色也具有斯坦茨奥内的个人色彩。臻白的衣衫陡然溅上红色的血渍（圣徒遭受了酷刑，乳房被残忍地扯破）。然而，整体偏棕赭的色调和强烈的明暗对比体现出了明显的利贝拉和卡拉瓦乔主义的影响（甚至还有沃特的印记，这位重要的卡拉瓦乔主义法国画家在那不勒斯留下了两幅精美的天使肖像，以及一幅巨大的祭坛画，如今都保存在卡波迪蒙特）。撇开这些前辈大师的启发而言，瓜里诺成功地创作了一幅杰作，一幅那不勒斯当时令人无法忘怀的画作，其表现出的女性的柔美（当然也有肉感的成分）、性感以及完美范例总和，令其获得此殊荣。之后，瓜里诺还留下了许多精彩绝伦的画作，但是有时也显示出过于拘泥于古典主义的特征，如同展厅中另一幅作于 40 年代后期的《持钹的圣切奇莉亚和天使》显示的那样。而《圣阿加达》却是在 1640 年前后被标注日期的。

# 彼得·诺威里

《神圣三位一体遣加百列大天使面见圣母》1630—1633

布面油画
281 x 177 cm
约 1802 年购入

画中报喜的天使具有诺威里特色，身材瘦削颀长，和他笔下许多圣徒和圣母如出一辙（巴勒莫圣马太教堂和宗教艺术美术馆均有他的作品），但尤其更像凡·迪克作品《玫瑰圣母》画面右下方的两名女性形象。

诺威里是 17 世纪伟大的西西里画家，用更专业术语点来说，是在 1627 年凡·迪克的《玫瑰圣母》来到巴勒莫之后（事实上三年前画家已经在当地待过数月，留下了数幅桑塔·洛萨利画像）。画家艺术生涯的一个重要组成部分是在那不勒斯的一段旅程，大约在 1630 年至 1633 年间，令他有机会学习那不勒斯人和在当地的外乡人的作品。正是在那几年，画家创作了这幅画，并被拉法埃罗·考萨推崇为其一生杰作之一，风格上与巴勒莫的《圣本笃和桑丘三世》十分接近。尽管画作本身被指类似其那不勒斯的同行们，特别是两名男性形象颇似利贝拉的手笔，但整幅画在精细的用色、呈暖色的色调氛围、拉长的优雅的人物形象、分明的轮廓、银白色的衣衫、胖乎乎的小天使和贯穿始终的优雅，都体现出诺威里的个人特色，与伟大的佛兰芒画家的经验不无关系。这幅画的主题是基本的宗教题材，但并不常见：圣父旁边站着圣子，圣灵在上，向大天使加百列交代圣母贞洁的命运。画中圣母在左下方平衡画面的结构中也清晰可见。在卡波迪蒙特博物馆的展览厅中，保存着一幅诺威里所作的《朱迪塔》，和这幅画不同，体现出明显的那不勒斯画风的影响——让人立即想起成熟时期的阿尔泰米希亚——而其他方面则有着深刻的占主导地位的凡·迪克印记。

布面油画
75 x 86 cm
1966 年购入

# 阿涅罗·法尔科内

《圣露琪亚的布施》1630 年或 1650 年前后

作为战争题材的画家，阿涅罗·法尔科内颇负盛名，甚至连西班牙的菲利普四世都委托他同当时欧洲绘画界最如雷贯耳的人物一起，为布恩·莱迪罗宫绘制系列罗马历史画。法尔科内同利贝拉一同学艺，两人轮流创作了不计其数的“没有英雄的战役”以及其他宗教题材的委托作品，其中既有油画也有湿壁画。《圣露琪亚的布施》介于宗教画和“两性”画作之间：关于宗教实际上只剩下主题，女主角埋没于四周拥挤的人群中，不仔细辨别便不可见，其余完全是“两性”。此处法尔科内借鉴了邦伯强迪派画家们的画作——这是一派活跃于罗马的描绘日常生活场景的北派画家——特别是在几乎赤裸的画中人的褴褛衣衫上和背景处的建筑上，尤其在右边的小屋上可见一斑。特别需要指出的是，无论是用色还是形象的类型都充分体现了那不勒斯学派的影响，有时令人想起利贝拉，有时颇具斯坦茨奥内的风格，还有时类似卡拉瓦乔主义画家。关于成画时间从未有定论：隆奇推断此画作于 1630 年前后，和当时身处罗马的委拉兹凯支具有或多或少的联系。拉法埃罗·考萨更倾向于画作属于后期作品（法尔科内卒于 1656 年蝗灾），具有勒楠的遗风，两人可能在法国旅行时结识，同时体现出和新耶稣教堂的圣器收藏室中画家鼎盛时期的湿壁画的联系。这两种观点分别得到后世学者的支持，但谜团仍待解开。

在母亲于圣阿加达的墓碑处奇迹般地治愈了顽疾后，锡拉库扎的贞女露琪亚心怀感恩向众人布施自己的钱财。这一情节具有明显的赎罪价值，在文艺复兴时期的绘画中多有出现。

# 安德烈·瓦卡洛

《金牛犊朝拜》约 1640—1642

布面油画
208 x 260 cm
1955 年玛利亚·吉赛拉·科莱塔男爵夫人捐赠

那不勒斯人安德烈·瓦卡洛年轻时期遵循着大部分那不勒斯画家的轨迹，从对卡拉瓦乔主义产生热情开始，慢慢过渡到斯坦茨奥内，再到奎多·雷尼，虽然这位画家在那不勒斯仅仅短暂停留了两次，却享誉全城。而这同奎多·雷尼和凡·迪克的用色启发是密不可分的，瓦卡洛正是再次演绎了后者的古典主义，并在此基础上镀上一层感性主义色彩，若不是还具有巴洛克和洛可可风格的那不勒斯绘画真正主旨，这种感性有时会显得平庸而令人厌倦。《大卫的胜利》和《金牛犊朝拜》的垂饰体现出瓦卡洛成熟时期的风格：人物的身体线条拉长了却符合解剖结构，女性形象面容具有斯坦茨奥内的印记，以棕色调为主的用色中具有冷色的明显不和谐的区域（也许在《大卫的胜利》中更为明显），和年轻时期相比更为清浅柔和，具有强烈的明暗对比。构图巧妙，具有古典主义的平衡感：牛犊居于画面中心，两边人物均匀地排开。

画作的署名时间正是瓦卡洛技艺达到巅峰的时期，当时他已经开始感觉到后辈卡瓦利诺和前面提到的凡·迪克的压力：在之后的数十年间（画家卒于 1670 年，享年 60 余岁）继续大量创作此类型的画作，而没有随着日益巴洛克风格化的绘画潮流演进。

# 贝尔纳多·卡瓦利诺

《狂喜的圣切奇莉亚》约 1645

布面油画
183 x 129 cm
来自那不勒斯桑坦杰罗收藏品

贝尔纳多·卡瓦利诺称得上 17 世纪那不勒斯技艺最精湛的画家之一——《狂喜的圣切奇莉亚》，其唯一署名和日期的作品便是其铁证。此画目前藏在帕多瓦的圣安东尼奥教堂，而在博物馆中我们幸运地拥有画作的草图。画作用色别出心裁，一侧灰棕色、灰色和棕色不断碰撞，另一侧的圣徒染上浓烈的色彩，笔触忽而飘忽柔软，忽而重拙颤动，天鹅绒般柔软的画面边上有大块的留白，和谐的同时又具有强烈的戏剧感，正是这些元素构成了这幅画强烈的吸引力。事实上，这幅画所具有的甜美和轻巧似乎将洛可可时期的来临提前了，而在当时却是实实在在的那不勒斯风格。尽管画中有不少色彩和细节都让人不时联想起凡·迪克、格雷盖诺、普桑和其他法国画家——他们都是 17 世纪上半叶生于或活跃于那不勒斯的画家。最后卡瓦利诺渐渐向《牧羊人领报》的大师法尔科内、沃特和梅林靠拢，将“斯坦茨奥内主义”转入自己的自然时期，继续发扬，最后渐渐失去女性美，以至于无法再回到具有肉感的绘画的特色了。因此，也许 17 世纪下半叶的著名画家们——首先就得提到普莱提和乔尔达诺——遵循了和斯坦茨奥内主义以及这位个中顶级高手风格相去甚远的轨迹并不是偶然了。

# 马蒂亚·普莱提

《为 1656 年蝗灾还愿湿壁画所打的底稿》1656

布面油画
127 x 75 cm
19 世纪初购入

1656 年 11 月，蝗灾造成的疫情几乎杀死了那不勒斯一半的人口，当选者们（即五个贵族席位和人民群众代表）商议决定在城市的七座大门画上圣母和七位保护神，以将疾病隔绝在城市外。其他的画经过日晒雨淋已不复存在，但这幅圣杰纳罗大门上的画尽管残旧，却保留了下来。还有两幅马蒂亚·普莱提的草稿幸运地留存了下来，均藏在卡波迪蒙特博物馆。两幅草稿的上半部分均类似，完全按照当选者们的要求而作，而下半部分是根据灾难造成的影响所作，具有相应的差别：在我们没有展示的画中，有一小堆尸体，背景里显出有着维苏威火山的海湾和有灯笼的码头。

在这幅修复过的画中，抱子圣母清晰可见，由圣母无原罪的半月托起，身边相伴两名天使。最左边是圣杰纳罗，其身份通过主教教会的服饰即可识别，他的右边是耶稣会会员圣弗朗西斯科·萨维利奥，而圣母另一侧是头戴玫瑰花冠的圣罗萨莉亚。画面下方是持出鞘利剑的复仇天使。根据德·多米尼奇 18 世纪时的描述，这幅草图和被毁的圣灵大门上的湿壁画相对应。

整幅画具有出色的画面效果，亡者的苍白和其余画面温暖却令人沮丧的色调形成了强烈的反差和呼应。布满尸体的阶梯不仅仅在普莱提的画作中，也在数年后卢卡·乔尔达诺的《圣杰纳罗从蝗灾中拯救那不勒斯》中有所出现。

布面油画
205 x 294 cm
1906 年购入

# 马蒂亚·普莱提

《押沙龙的盛宴》约 1660

这幅画可谓意大利最杰出绘画"效果"的盛宴，画面体现了那不勒斯对于静物画完全的热爱——无论是以静物为主题的绘画还是对静物有所涉及的绘画，有时候是专门所绘，在其他主题的画作中也有体现。

长久以来，这幅画都是马蒂亚·普莱提最伟大的作品之一，普莱提和卢卡·乔尔达诺一起被认作 17 世纪下半叶最杰出的南方画家，他的作品《押沙龙的盛宴》和其姊妹篇《伯沙撒王的盛宴》共同进入了博物馆。如《旧约》中一段故事所言：大卫王之子押沙龙的妹妹被异母哥哥暗嫩强暴。押沙龙举办了一场宴会，期间派仆人杀死暗嫩复仇。关于这幅画有个风趣到位的说法——"维罗纳风格宴会上的那不勒斯杀手"。画作充分体现了普莱提绘画中丰富的文化内涵：强烈的明暗对比和许多人物形象体现了那不勒斯画风，横向的、靠近中心的构图以及背景处精心描绘的建筑无疑是维罗纳主义，而温暖、浓稠的用色让人想起奎尔奇诺和其他博洛尼亚画家。无疑，普莱提慢慢形成了极富个人色彩的风格，并

在那不勒斯时期画作中达到顶峰（1653 年起至 60 年代初），画作均具有迅速的笔触和巴洛克强烈的震撼力、感染力。他的个人色彩在此画中得到了充分的体现：双重的光芒分别落在瘫倒的受害者和赤褐色头发的年轻复仇者身上；受邀宾客各自不同的姿势和反应成为画面的亮点，令整幅画既有整体感又有变化和特性；大量的装饰元素丰富了画面场景却不冲淡戏剧色彩。

# 卢卡·乔尔达诺

《华盖下的圣母》约 1685

布面油画
430 x 240 cm
来自那不勒斯圣灵宫

作品丰富、多才多艺、天赋异禀，卢卡·乔尔达诺在整个那不勒斯 17 世纪下半叶占据了主导地位，将热情奔放的巴洛克主义进一步发扬光大，从佛罗伦萨到罗马，从威尼斯到马德里都能见到其成功的印迹。乔尔达诺在那不勒斯和在其他城市一样，不断观察、吸收并提炼所有能学到的技巧：开始时，他是利贝拉风格，学会后便教给了马蒂亚·普莱提；他研学维内托画家的画法，鲁本斯以及之后特别的彼得·科尔托纳，在漫长的职业生涯后期（画家卒于 1705 年），在那不勒斯圣马尔蒂诺教堂的湿壁画中，令 17 世纪的绘画提前进入盛期。这幅圣母像在 18 世纪的传记作家德·多米尼奇的描述中是“艺术的奇迹”，受到游客和艺术家们的喜爱和临摹。这幅画原本属于被毁的那不勒斯圣灵宫教堂，并被认作画家鼎盛时期的作品。

画面构图尤其特别，身披白色斗篷的圣母身上散发出光华，周围围绕着虔诚的教徒、圣徒和凡人，和仪式的华盖一同形成一个圆圈。画中的人物形象通过姿势和眼神相联系，还有托起华盖的天使们令画面统一，具有贝尼尼最佳的场景布置特点。用色清爽明亮，深受彼得·科尔托纳和巴西西奥影响，迅速、轻快的笔触增加了整体画面和谐而庄严的感觉。

华盖上方播撒玫瑰花瓣的天使描绘的是圣母和圣子生活的片段：耶稣复活、圣子升天、圣母加冠，圣母与两圣徒，圣母升天。画家用高超的技艺描绘了华盖上的刺绣，有些部分镀着金光，有些部分是小天使的投影。

描绘圣母的线条体现出科尔托纳的风格，但圣母并不像通常的罗萨里奥的圣母一样，身着洁白和宝蓝两色，乔尔达诺为增加画面的明亮度，权宜之下采用了白色。除此之外，画家都遵循了传统的属性：暗示圣多梅尼克话语的念珠以及象征圣母贞洁受孕的星冠。

画中两名圣徒均属于多梅尼克教派，分别是圣嘉乐和圣多梅尼克。圣母向后者显灵并赠其念珠，于是他惊叹："我们的圣母头戴玫瑰花冠。"因此画面中遍布玫瑰。圣徒脚边有只衔着火炬的狗，即其特殊标志，也许是文字游戏 Domenicani 和 Domini canes（前者指多米尼克派教士，后者将该词拆开，后面的 cane 意为狗）。

# 乔瓦尼·巴蒂斯塔·雷柯

《静物画：蜡烛和大山羊头》约 1655—1660

布面油画
132 x 183 cm
1973 年购入

画中对大山羊头的细致描绘促成了此画进入卡波迪蒙特博物馆（已是伦巴第收藏系列之一），现在这幅画被认为画家侄子朱塞佩的手笔。尽管在一些古代资产清单记录中，这幅画的作者身份仍只是推想，仅根据两幅标注时期的画作推敲而出。

乔瓦尼·巴提斯塔·雷柯又名提塔·雷柯，是更为出名的朱塞佩·雷柯的叔父，后者在那不勒斯以绘制鱼和甲壳类动物出名。与侄子和乔瓦尼·巴提斯塔·鲁欧波罗、亚布拉罕·布鲁杰尔以及安德烈·贝尔维德尔等第二代更具巴洛克风格的静物画家不同，乔瓦尼·巴提斯塔·雷柯属于前代静物画时期，与圣杰尔瓦西奥宫的大师以及卢卡·伏尔岱属于一批。这也证明这幅无与伦比的《静物画：蜡烛与大山羊头》（又名《厨房内》）当时已被收入那不勒斯的巴拉迪收藏系列：该收藏是一系列的经过描画装饰的日常物件，以简单、状似随意的方式零散地排列在一个较浅的托架上。仅仅是比该世纪下半叶极富装饰意味的鱼和花卉淡而已，尽管和现实的触感具有紧密的关联，但更和苏尔瓦兰或委拉斯凯兹

所作的严格的甚至具有苦行僧意味的西班牙、塞维利亚或瓦伦西亚风俗画具有更高的相似度。经过一次更为深入的研究调查，我们发现此画具有高度的正规严谨性和巧妙的光影运用技巧，体现出和罗马的卡拉瓦乔主义静物画家更切实的关系。大部分学者认为，这幅画是画家晚期的作品，完成于画家逝世（1660 年）的前十年间。

布面油画
155 x 211 cm
1921 年恩里柯·弗拉西索内馈赠

# 朱塞佩·雷柯

《静物画：鱼和海龟》约 1680

朱塞佩高超娴熟的画技在描绘鱼鳞的效果和反光时表现得淋漓尽致，画面中央的鱼沐浴着一束光芒，将其和前景分离开，并定下了画面的深度。

朱塞佩·雷柯生于那不勒斯一户静物画家家庭：叔父乔瓦尼·巴蒂斯塔和父亲贾科莫留下了许多关于花卉、猎物、厨房内部、水果和鱼的作品。朱塞佩作为年轻的一代，毫无疑问受到了它们的影响。德·多米尼奇，那不勒斯的瓦萨利，认为乔瓦尼曾前往意大利北部游历。这一观点得到了一些评论家的支持，因为除了活跃在罗马的画家的影响之外——在他的画作中有费拉维诺和昆德的印记——朱塞佩似乎在青年时期还见过贝加莫画家巴斯克尼斯的作品。但是另一些评论家认为，在雷柯成熟时期的画作中，和巴斯克尼斯唯一有共同点的仅仅是乐器主题。事实上，这位那不勒斯画家涉猎的主题非常丰富。除了《静物画：鱼和海龟》之外，在卡波迪蒙特博物馆还保存着阿瓦洛斯藏品中非常重要的三幅油画组（花卉、猎物和鱼）。最后这幅画在篮子左边高处有签名，以美妙的方式表现了独具那不勒斯特色的画作类型：许多海洋生物被随意地放置在岩石上，每一样都进行了逼真的还原和描绘，甚至连动物和潮湿甲壳上的反光也丝丝可见。整幅画由银白的色调和微咸的暖热的气氛主导，表现出坚定的巴洛克式的场景构图，掩盖了对于宏伟庄严的自然的谨小慎微的忠实。

# 保罗·波尔波拉

《有水晶杯的静物》约 1654—1658

《布面油画》
148 x 113 cm
来源未知

起初，这幅画被认为是亚伯拉罕·勃鲁盖尔或安德烈·贝尔维德尔的作品，这两位都是花卉静物画的专家，现在人们认为这幅画作者是保罗·波尔波拉，在朱塞佩·雷柯的画室学习后活跃于罗马的那不勒斯画家。关于波尔波拉的画没有任何记载，只有一幅油画有其签名，因此修复这幅作品的方法非常风格化。画家对在罗马活跃的北派专家非常关注，他“结合了那不勒斯大师的分析视图和更矫饰的明暗对比画法，但并没有达到卢卡·佛尔泰的明亮感或是宫殿艺术大师圣杰尔瓦西奥对于物体质感的表现力”。《有水晶杯的静物》描绘了一大捧以稳定的结构排列的花朵，尽管细节没有仔细处理，相比更古老的深色不透光背景的静物画，其环境却更具气氛。由于这幅画和国际上惯有的静物画的关系，以及让人不断联想起卡拉瓦乔艺术的画法，评论界推测此画的作画时间为画家在罗马旅居的前期，即 17 世纪 50 年代中期，同期画家还创作了签名作《有花朵的静物》，如今保存在罗马齐吉家族收藏系列中。因此，我们的这幅画作于施瑞克“林下灌木丛”系列作品以及维瑟斯的画作之前（如卡波迪蒙特博物馆收藏的《有花鸟的林下灌木丛》），后者属于那不勒斯创作臻于成熟时期的作品。

# 弗朗西斯科·索利梅纳

《塔尔西亚王子肖像》1741

布面油画
250 x 168 cm
1981 年购入

这幅画毫无疑问值得列入 18 世纪意大利最杰出的肖像画，画中描绘了一个着斗篷的贵族男子，以及代表着圣杰纳罗的意志的牌匾、柱子和剑。这是那不勒斯最恢宏的装饰，1738 年由波旁家族的卡尔洛下令建造，而我们的油画正是此年后完成的。起初，人们觉得画中人可能是卡拉法家族的一员 —— 马达洛尼的公爵，也因为画中少年侍从所着衣衫的颜色是白与红，与卡拉法家族的族徽相对应。现在，我们认为画中人是费迪南德·文森佐·斯皮内里，塔尔西亚的王子，国王内阁中的贵族。正是他使得家族繁荣到了顶峰，并命令安德烈·瓦卡洛建造了非凡的宫殿 —— 那不勒斯最大的宫殿之一 —— 现在仍遗存在塔尔西亚和彭特科尔沃之间的上坡之途中。索利梅纳是创作雄伟和具有戏剧性画面的大师，如同他笔下宏大的场面所证明的那样，无论是神圣的、世俗的场景还是油画和湿壁画，索利梅纳都得心应手、游刃有余地表现出国家肖像必备的宏伟和庆祝感。画中的绸缎、花瓶和物件通过巧妙安置，围绕着、烘托着画面中心的人物却不喧宾夺主，吸引走观画者的目光。正如其他成熟时期的作品一样，这幅画具有如镀银一般强烈的明暗对比，一如既往地坚持了形象的可塑性，而用色随着时间推移愈发浓艳炽烈。

# 弗朗西斯科·德·穆拉

《圣本笃显圣》约 1738—1741

布面油画

205 x 126.5 cm

来自那不勒斯米塞里克尔迪亚山

弗朗西斯科·德·穆拉是索利莫纳的学徒，他以老师为榜样，学习了他的构图和明暗对比，将过分夸张的男子气概柔化——当时已是 18 世纪——画作成型后比草图更精细柔美，用色更明亮，刻画人物性格时更微妙。然而，他仍保留了从老师身上学到的创作复杂场景时的举重若轻、游刃有余，并不断地用精彩的创造惊艳观画者。城市教堂中保留着许多他所作的湿壁画，其中有一些确是鸿篇巨制。这幅《圣本笃显圣》同样展示了他的精湛画技。本是为那不勒斯圣塞维利诺和索希欧教堂广阔天顶中央画作所作的底稿，1738 年至 1741 年间穆拉以此绘制了湿壁画，正是在 1741 年画家离开了那不勒斯，在都灵短暂停留。如同博物馆中展出的另一幅索利莫纳的《西奥朱斯提尼亚尼大屠杀》，画中各色人物形象安置在一个宏大的建筑布景中，排布非常有节奏感：饱蘸着色彩的群体朝色彩平淡的区域延伸，明暗对比强烈的光点与铺陈开的光亮在表面交织呼应。画面构图是依着台阶和柱子的垂直与水平线螺旋上升的波浪状。作为德·穆拉的杰作，这幅画可以与《圣本笃收容托提拉》比肩：两幅画都来自米塞里克尔迪亚山，在山上有间虽小却充满魅力的博物馆，其中保存着这与皮亚美术学院画家有关的多达百余幅画作。

# 贾科莫·德·波

《美德的胜利》1705—1707

布面油画

101 x 63 cm

来自那不勒斯马尔蒂娜公爵宫

那不勒斯的瓦萨利，用极为敏锐的眼光评价了贾科莫·德·波的画："古雅和离奇以及各种新奇的发明满足了好奇者的眼睛……凭着该死的美丽的灯光、反射以及震荡。"无论是谁停留在这幅摄人心魄的画作面前，都不得不承认多米尼奇的评述："非凡的生动感，几乎转变为不安，具有幸福的场景的洞察力，轻轻一触就能瓦解的绘画材料，带来强烈戏剧冲击的颤抖的明暗对比。"多米尼奇细致地描述了德·波1705年至1707年间在那不勒斯皮涅塞卡波斯塔诺侯爵宫殿中的画廊（现今仍存在）天顶中所作的画，在他的叙述中我们了解到一些元素，证明这幅画是为天顶画作所作的准备稿。画面左边是"一名囚犯，坐在拱门边上，

根据德·多米尼奇所言，草图想要传达的信息（并不完全明确）是：由"名望"加冠的"正义"和"平等"主宰天上世界，将惩罚或提升人类的任务交予"价值"。

双脚被锁在镣铐里"，而在中间是"正义和公平从制高点统治世界"，所有都暗指法律，是从委托人，西班牙统治末期国王顾问中的重要人物的角度出发。这幅画深受马蒂亚·普莱蒂和特别是卢卡·乔丹诺的艺术影响，和他们一样，德·波将湿壁画作为其谋生的手段，在城市为贵族宅邸做装饰，获得了不菲的报酬。

布面油画
135 x 102 cm
1999 年购入

## 加斯帕尔·特拉维尔斯

《音乐会》约 1756

特拉维尔斯是从传统画作题材发展到社会或道德主题的 18 世纪画家之一。他是那不勒斯的霍加斯，尽管霍加斯本身并未到达道德的层面或是涉及心理的深度。事实上，这次画家趋向于喧闹的讽刺漫画，调子来自大众戏剧或更多来自滑稽剧。他笔下的场景体现出非凡的“幽默感”，宣泄出不可抑止的嘲讽。而画家也是极其多才多艺的，他为我们留下了美丽的祭坛画、精彩的肖像画，以及因质量出众而享有盛名的服装作品——值得一提的是，这些服装在 18 世纪的那不勒斯是非常时髦的，只有在伯尼托身上才能找到部分的前身。

《音乐会》具有轻微的辛辣与讽刺，是人性样本的剥离却有趣的写照，是对“卖弄”描述的升华，即对某种技巧不合时宜的炫耀，以及对假内行的精彩诠释，即笨拙地假装对音乐感兴趣而事实上心思却在其他方面。作为画家技艺成熟时期的作品，这幅油画作于 50 年代初期罗马的《婚约》和 10 年后藏在堪萨斯城的《音乐课》之间，后者的人物形象和姿势和这幅画是相同的。尼古拉·斯皮诺萨认为其风格趋近于《母与子》，以及紧接着 1756 年后所作的家庭群像。

画中沉浸在所谓的音乐世界中的两名贵族主角和边上更平民更喧闹的钢琴家追随者的冲突十分有趣。后者的眼神生动活泼，配上画面构图布局，增加了嘲讽的意味。

# 卡波迪蒙特皇家工坊

瓷器厅 1757—1759

彩绘鎏金瓷器、灰泥、镜子
6.75 x 4.80 x 5.13 m
来自皇家宫立柱廊

18 世纪对于瓷器的狂热横扫整个欧洲宫廷，那不勒斯同样不能免俗，更何况新继位的女王来自以精湛制造业著称的迈森，是萨克森州的选帝侯之女。1743 年，即距继承王国 9 年及与玛利亚·阿梅利亚结为连理 5 年之际，卡尔洛将那不勒斯选为其行宫建造地点，选址在卡波迪蒙特的树林中。自此开始直至 1758 年，这个为宫廷贵族们所偏爱的伯蒂奇宫建造的小厅才完工。这个完全由瓷器构成的厅的设想受到了当时所有人的喜爱，除了 1730 年在波西米亚布尔诺为杜波斯基伯爵所建的最为简约的住所之外，这算是最新的设计创意。设计师是皮阿琴察的舞美布景师乔瓦尼·巴蒂斯塔·纳塔利，并在工厂首席建模工朱塞佩·格里奇的监督下由意大利和德国的工人施工。整个房间的家具都是由瓷器制作的（其中有一件现存放在塞夫勒博物馆），地板是大理石质地，所有的门都是仿瓷器的生石膏制作。另外天花板也是仿瓷器由生石膏和灰泥制成的，很幸运保留到了今天。而厅中的瓷质灯也保存了下来。整个房间是对当时极为流行的中国风的绝佳致敬，深得国王与王后欢心，在 1759 年生日前往西班牙时，他们任命格里奇为阿兰胡埃斯宫以及其在马德里的行宫各自再建一个瓷质的房间。

人物形象和物体显示的中国特色非常引入注意，这一点也许是来源于法国印刷品。和许多其他中国风的作品不同，厅中运用的汉字不是纯装饰性的，而是对国王的赞誉，颂扬国王统治的英明与美德。

布面油画
130 x 229 cm
1862 年阿瓦洛斯·德·瓦斯图侯爵赠

# 皮尔洛–雅克·伏尔泰

《维苏威火山在玛达雷娜桥边爆发》1782

一度受到启蒙运动对科学热爱的启发，艺术界开始渐渐产生了浪漫主义的萌芽，而维苏威火山爆发则成了尤为普遍的主题。这座受人喜爱的“大山”上演了一系列戏剧般的喷发（在 1760 年和 1810 年间至少喷发了 10 余次）。

伏尔泰是克劳德 - 约瑟夫·维尔内特的合作者和忠实的追随者，1769 年来到那不勒斯定居，正是在那里他创作了大量维苏威火山喷发的画作，这些画作形成了他的特色也造就了他的国际声誉。这幅《维苏威火山在玛达雷娜桥边爆发》最充分地表现了他的特点：首先是他对于熔岩的红热闪光和被月光照亮的风景的巧妙精细结合——月亮的照射引入了卡斯特拉马来海湾和费托山——这在他其他的维苏威火山作品中也常有体现。还有外来观光者极其少见的淳朴民俗的各色场景：前景中流民在神龛和桥上圣杰纳罗雕像前的絮絮叨叨，人声鼎沸，四周围着挤满了人的马车和小小的逃窜的手推车……最后是对壮美和画意的精巧融合，具有极强的装饰效果，画中所有真实存在的元素——如赛贝托上标志城市最东端，如今尽管留存却已经面目全非的玛达雷娜桥——都通过巧妙的安排构建在轻松、愉悦的诗意中。在与歌德所呼吁的“恐怖与美感相辅相生”的激情与坎帕尼亚最著名的火山学著作，汉密顿的《弗莱格瑞火山区》一书相结合之下，这幅 1782 年签名成作的《维苏威火山在玛达雷娜桥边爆发》大获成功并不出人意表。这幅画有着数份画家自绘副本，均作于 1777 年后，也就是火山爆发事件对作者有所启发的年份。

# 雅各布·菲利普·海克特

《付萨罗湖边猎鸭的费迪南德四世》1785

布面油画
141 x 219 cm
来自波旁家族藏品

海克特是享誉世界的风景画家，受到歌德和凯瑟琳二世的追捧与喜爱，他在1770年第一次来到那不勒斯，在那里威廉姆·哈密顿，伟大的“业余”考古学家和自然主义者，委托他绘制了一系列名为《暴躁的大山》的描绘维苏威火山喷发场景的画作。15年后他最终在那不勒斯城中心定居，成为波旁家族的宫廷画师。以这个身份，海克特在那不勒斯和卡赛特的皇宫中留下了大量风景画作，包括那不勒斯周边闲适的景色、王国的港口、皇家景点、打猎及当权的家族涉猎的其他乡间活动。这些作品间涌现出了《付萨罗湖边猎鸭的费迪南德四世》。国王是一名热衷打猎的猎人，率领着赛艇队，全身心投入在11月追逐水禽的围猎中，把这些鸟儿都逼得从湖面飞起，最后不可逃脱地被击中。在画面最右边可以见到皇家行猎馆，该馆于1782年由梵维泰利建造，起初由海克特装饰。画面背景处，在湖面的掩映下，是托雷嘉维塔和普罗奇达山；视线再远一些，因距离而变得缥缈的是伊斯奇亚岛。画面清晰明朗，准确而无赘余：没有无用的细节，同时却又在忠于丰富主题的基础上兼顾了整体效果，就如同巧妙融入画面场景的巨树和喜爱他们国王狩猎技巧的百姓所表现的那样。

# 安杰丽卡·考夫曼

《费迪南德四世一家》1782—1783

布面油画

310 x 426 cm

来自波旁家族藏品

毫无疑问，这是那不勒斯的波旁家族最重要的肖像画，也许是王后委托自己的偶像考夫曼所作。1782年，这位德国女画家在事业巅峰时期来到那不勒斯，作为宫廷的贵客，她绘制了许多皇室家庭成员的单个素描草稿像。这幅油画作于罗马，却是在画家本人亲自将其带到卡塞塔时得到了所有皇室成员的赞赏与欢迎。由于确实的年代原因，画中只描绘了这对善于孕育夫妇十六个孩子中的部分。从左至右，竖琴边上的是玛利亚·特雷莎，长女及日后的王后即弗朗西斯科二世的夫人（之后成为奥地利国王一世）；弗朗西斯科，将来的国王，领主；还有玛利亚·克里斯提娜，未来的撒丁岛王后；坐在摇篮上的是玛利亚·路易莎，后来成为了托斯卡纳的大公夫人，她怀里抱着玛利亚·艾美利亚，日后法兰西国王菲利普的妻子；枕头低处是杰纳罗，于9岁时不幸夭折。皇室家庭处在一个极具南方色彩的风景中，但是整个构图来说具有优雅的轻松性和考究的随意性，是最上乘的英式肖像画法。将这幅精细的皇室家庭肖像画与西西里画家卡马拉诺所作的《弗朗西斯科一世家族肖像》相比十分有趣，因为后者尽管严格依照新古典主义的画风，却是对于考夫曼迷人异国风情的笨拙模仿。

费迪南德四世在他对王国的漫长的统治(1751—1825)的初期继续推行了其父卡尔洛的改革大业。之后，由于妻子的阴谋和法兰西帝国的不断侵略，他转为坚决的保守派。深受人民爱戴的他在1799年残酷镇压帕特诺培共和国时，渐渐失去了上层贵族和知识分子的支持。

弗朗西斯科一世于1825年登基为两西西里王国国王。维也纳会议之后，由一名君主统治的那不勒斯和西西里两个王国合二为一，成为一个统一的国家(这解释了1816年费迪南德由四世变为一世的原因)关于弗朗西斯科可说的东西不多：他的王国在父亲插手之前只存在了不到5年。

玛利亚·卡罗丽娜·阿斯伯格从未受到好评。完婚之后不久她开始疏远塔努奇，那不勒斯历史上最好的首相，并将自己欣赏的安克东带入朝堂，事实上和他一起主宰那不勒斯政局。她肆无忌惮、善于玩弄阴谋诡计，在其姐妹玛利亚·安东涅塔被处死后，更变得极其仇视雅各宾派，将整个王国的政治推向毁灭性的反动。

# 吉亚辛托·希甘特

《阿马尔菲海湾暴风雨》1837

布面油画
29 x 41 cm
1874 年前购买

吉亚辛托·希甘特作为波利希波画派的杰出代表，这一画派还包括加布里埃尔、杜克莱尔、卡莱利、两位费尔果拉以及弗兰切斯基尼和维阿奈利，他大概是费迪南德二世王国时期最伟大的那不勒斯画家了，从国王那里他接受了不计其数的任务和委托。从荷兰画家皮特洛身上，他学到了运用彩色笔触和光点形成的自由活泼的画风。除了他的舒适的水彩画之外，希甘特也留下了许多高质量的油画作品，其中就包括《阿马尔菲海湾暴风雨》。这幅画选取的角度非常从容，同时也具有启发性，给观画者以强烈的参与感，展现出暴风雨即将来临的画面效果以及这些古老地点的诗意美。拉菲罗·考萨评述道："这是对风景的感性解读，是超出了视觉感受激发了其他感官的解读。"

尽管希甘特仍然拘泥于传统的风景画手法，这幅画中光线的效果让人记起精美的天空画和英国田园风光画，这些毫无疑问他在罗马或者那不勒斯有所涉猎。无论如何，《暴风雨》这幅画都是令人喜爱的：如果能对三个不同的版本有全面了解的话，第一版已经被收入了玛塔拉佐藏品集中（1837 年），第二版，也就是本文所提到的这版，现在存在卡波迪蒙特，而第三版已经在雷布法特藏品中。画面的场景是一样的，只是在第二、第三版中为了加强戏剧性，希甘特增加了匆忙寻找沙滩靠岸的帆船。阿马尔菲在画中只能窥得古城中心区的一部分，即卡布其尼修道院的美景——这是希甘特非常喜欢的地方，甚至曾为此专门画过一幅精美的水彩画。画面背景处朝着东方的方向，耸起大片暗色的奥尔索海角的形状，经受着雨水的冲刷。

## 焦阿基诺·托马

《监禁室里的路易莎·圣菲丽丝》1874

布面油画
63 x 79 cm
1970 年购入

调色板的色彩非常纯粹，只运用了少许稀薄的偏赭色的颜料，在严格精简的构图中广泛地铺陈，为整个画面的深切悲怆增添了分量。托马对此画非常看重，他曾用铅笔画过底稿，并用油画的方法另画了一幅，如今藏在罗马。

在 1799 年法国人入侵的浪潮中，意大利共和国诞生了。在这动荡的年月，路易莎·圣菲丽丝成为了现实主义画家的宠儿。她骗取了密谋者们的信任并将他们的诡计透露给共和国的拥护者，使得这些密谋者被捕，领头人遭到枪决。雅各宾党人尊称她为“祖国之母”以及共和国的拯救女神。波旁王朝复辟后，这位贵族女子被判处了死刑，但却由于疑似怀孕而数次推迟，直至 1800 年 9 月最终执行。意大利统一之后十余年，托马作为反对上匪的烧炭党人、加里波第党人以及志愿者，和通常一样选择了爱国主题，但是他选取了一个更内心更人性的时刻：一名女子孤身一人在空荡荡的牢狱中为都没有机会见到这个世界的小生命缝制衣衫。这幅画满溢着同情和悲恸，但是这种感觉表达得非常简单纯粹，不加粉饰修辞，避免其落入感伤主义的俗套。我们却能体味到在时间缓慢平淡的流逝中，在独居一室失去自由的日子里，这名年轻女子无止境的悲哀和伟大的神性。这幅画有些类似《我被囚禁的岁月》，用简单的场景抨击了暴政，但相比其他众多民族解放运动色彩的绘画，尽管没有子弹纷飞，硝烟四起与鲜血淋漓中前仆后继、高大伟岸的英雄人物，却以更强的力量震撼人心。

布面油画
41 x 76 cm
1867 年维克多·艾曼纽二世为卡波迪蒙特所购

# 朱塞佩·德·尼提斯

《阿尔卑斯山的小径》1867

独具天赋的尼提斯仿佛有上帝之手和高超的技艺（马车的黄色征服了斑痕主义评论家迭戈·马尔），将马车上的污泥、湿迹和前进时碾起的雪勾勒得丝丝入扣。

1867 年，《阿尔卑斯山的小径》第一次在佛罗伦萨画作宣传展上展出便一举成名，据点彩派画家切乔尼回忆，“简直引起了狂热的轰动”。切乔尼带着颤抖的语气，崇敬地如是描述这幅画：“泥泞的道路上有一辆马车……墙面沁湿了，压抑的天边堆叠起深色乌青的云，眼见着暴风雨就要来临；天空撕裂了一条口子，让人见到一丝清气，却反衬得狂风大作的天气更显压抑阴霾。”事实上，德·尼提斯是与生俱来的风景画家，正如这幅画所证明的，使他和洛萨诺、德·格雷高利奥和其他所谓的雷西纳学派的画家比肩，并在意大利统一初期的画展上展出，并在 1867 年大获成功。这幅画的成果实至名归：《阿尔卑斯山的小径》是对冬日景象的完美阐述，空茫而冰冷，只有一缕马车的黄色给画面带来少许生机。为了增加画面的悲伤和荒凉感，田野和房屋几乎被广袤却灰蒙蒙的天空和空旷的、灰暗的街道压碎。德·尼提斯施展了最精湛的技艺，运用了分类最细致的灰色色调。有一年佛罗伦萨画展时，这位来自普利亚的画家前往巴黎，也涉猎了肖像画、现代街道画和室内画等领域，但无一超越其意大利南部和后期巴黎、伦敦景致的风景画造诣。

# 那不勒斯卡波迪蒙特博物馆

# 参观指南

那不勒斯卡波迪蒙特博物馆

地址：那不勒斯，米阿诺大街 1 号

邮编：80131

电话：+39 081 74 99 111

传真：+39 081 74 45 032

垂询方式

座机拨打：848 800 288

自国外或手机拨打：+39 06 39 96 70 50

开放时间

周一至周六，上午 09：00 至 13：30，下午 14：30 至 17：00

展览开放时间：08：30 至 19：30

18 周岁至 25 周岁的欧盟公民以及在职教师门票减半

18 周岁以下，60 周岁以上免门票

闭馆日

每周三，1 月 1 日，12 月 25 日闭馆

交通信息

飞机：自机场乘机场快线至市政广场下，换乘 24 路公车，大门站下车

公共汽车：自中心站可乘坐 110 路，M4，M5 路

地铁：搭乘地铁 1 号线至卡福站，出站在博物馆广场乘坐 178 路、C64 路、M4 路、M5 路或 LC 路至蒙特桑托站，自但丁广场换乘 24 路至大门站

导览服务

导游讲解共 90 分钟，共有意大利语、法语、德语和英语 4 种语言。人数上限为 25 人。预约和义务说明请致电咨询处

其他设施

自助语音导览

书店

咖啡馆

衣帽寄存处

一层

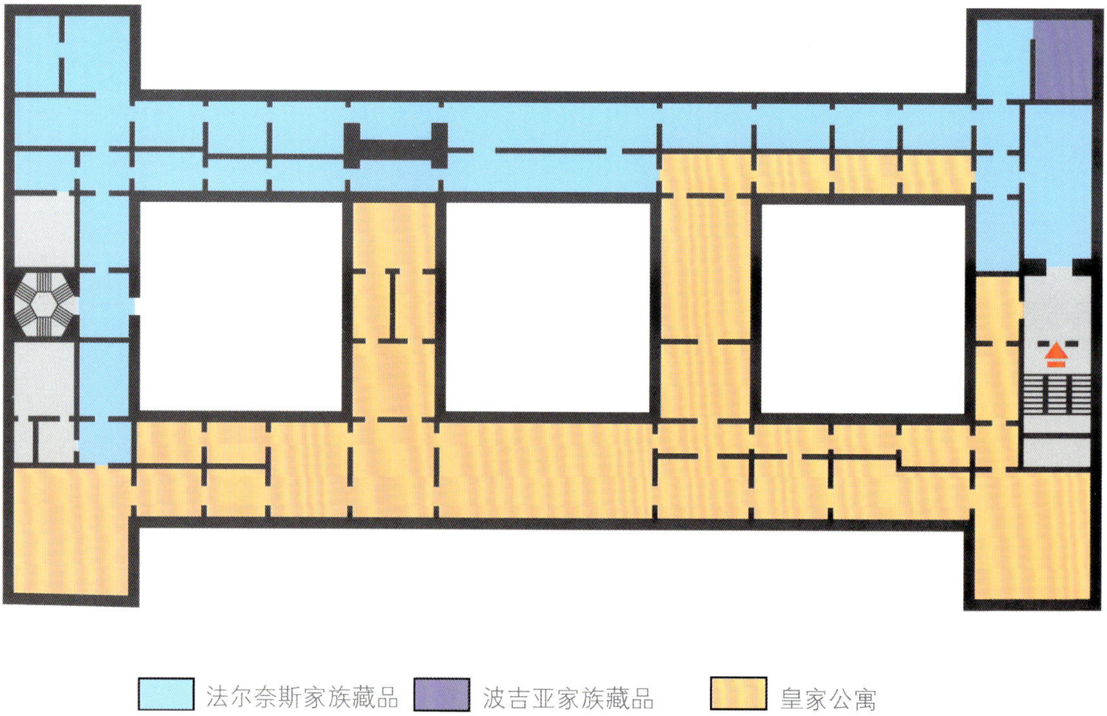


二层

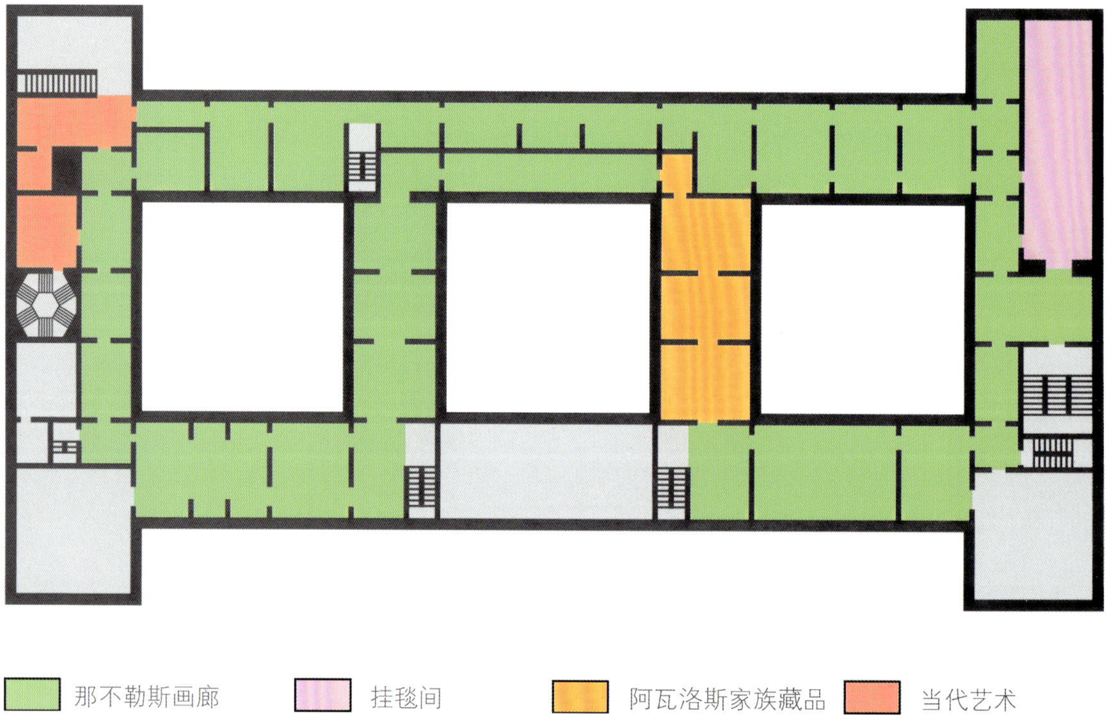

三层

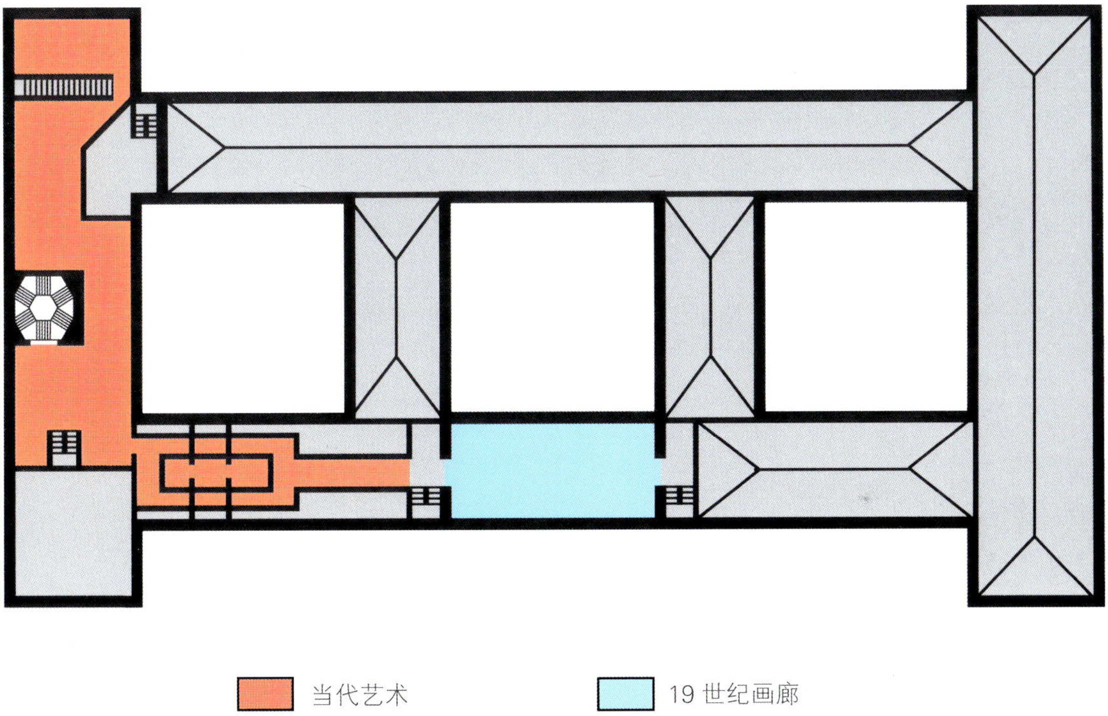

# 艺术家和作品索引

LIDES.

**图书在版编目（CIP）数据**

那不勒斯卡波迪蒙特博物馆 / （意）盖塔编著；项好译．—南京：译林出版社，2015.7
（伟大的博物馆）
ISBN 978-7-5447-5448-4

Ⅰ．①那… Ⅱ．①盖… ②项… Ⅲ．①博物馆－介绍－那不勒斯 Ⅳ．①G269.546

中国版本图书馆CIP数据核字（2015）第090179号



**书　　名**　那不勒斯卡波迪蒙特博物馆
**编　　著**　〔意大利〕马蒂亚·盖塔
**译　　者**　项　好
**责任编辑**　陆元昶
**特约编辑**　宗珊珊
**出版发行**　凤凰出版传媒股份有限公司
　　　　　　译林出版社
**出版社地址**　南京市湖南路1号A楼，邮编：210009
**电子信箱**　yilin@yilin.com
**出版社网址**　http：//www.yilin.com
**印　　刷**　天津丰富彩艺印刷有限公司
**开　　本**　787×1092毫米　1/16
**印　　张**　10.25
**字　　数**　140千字
**版　　次**　2015年7月第1版　2022年12月第7次印刷
**书　　号**　ISBN 978-7-5447-5448-4
**定　　价**　69.00元

译林版图书若有印装错误可向承印厂调换

**Photo Reference**

Archivio Mondadori Electa, Milano, su concessione del Ministero per i Beni e le Attività Culturali
Luciano Pedicini, Archivio dell'Arte, Napoli
L'editore è a disposizione degli
aventi diritto per eventuali fonti
iconografiche non individuate.